Luiz Dias

Sinais de Vida na Igreja
Um coração fraco ainda pulsa

Luiz Dias

Sinais de Vida na Igreja
Um coração fraco ainda pulsa

Ágape

São Paulo, 2021

Sinais de vida na igreja: um coração fraco ainda pulsa
Copyright © 2021 by Luiz Dias.
Copyright © 2021 by Editora Ágape Ltda.

EDITOR: Luiz Vasconcelos
ASSISTÊNCIA EDITORIAL: Tamiris Sene
PREPARAÇÃO: Flavia Cristina Araujo
REVISÃO: Marília Paris
DIAGRAMAÇÃO: Plinio Ricca
CAPA: Kelson Spalato

Texto de acordo com as normas do Novo Acordo Ortográfico
da Língua Portuguesa (1990), em vigor desde 1º de janeiro de 2009.

Dados Internacionais de Catalogação na Publicação (CIP)
Angélica Ilacqua CRB-8/7057

Dias, Luiz
Sinais de vida na igreja : um coração fraco ainda pulsa / Luiz Dias. -- Barueri, SP :
Ágape, 2021.
224 p.

1. Mensagens - Vida cristã 2. Mensagens - Deus I. Título

21-1173   CDD 248.4

Índices para catálogo sistemático:

1. Mensagens cristãs

EDITORA ÁGAPE LTDA.
Alameda Araguaia, 2190 – Bloco A – 11º andar – Conjunto 1112
CEP 06455-000 – Alphaville Industrial, Barueri – SP – Brasil
Tel.: (11) 3699-7107 | Fax: (11) 3699-7323
www.editoraagape.com.br | atendimento@agape.com.br

À Fenícia

Agradecimentos

Aos editores da Ágape, Grupo Novo Século, por permitirem que após um hiato de quase vinte anos sem escrever, voltasse a publicar. É uma oportunidade realmente valiosa para mim.

À comunidade que pertenço – são pessoas incríveis que me incentivam o tempo todo.

Àqueles que me ajudaram apontando temas, erros, orientando minha fragilidade na construção das frases: Valdemir Barbosa, Anderson Claiton, Felipe Bueno – que jovem brilhante –, Marcelo Lemos e Alisson Ribas. Que bom contar com amigos como vocês.

Na época em que lancei meu primeiro livro, *Ganav – a saga de um ladrão*, tive a infelicidade de não ter meu sogro, pois havia falecido. Agora, na publicação de *Sinais de Vida na Igreja*, não poderia deixar de lamentar a ausência de minha mãe, Cecilia de Carvalho Dias; como sentimos saudade dela. Outro amigo que foi uma grande inspiração, pastor Alexandre Pasqualle, também nos deixou para morar na eternidade. Minhas lembranças na companhia dele foram eternizadas na memória. Serei sempre grato.

À minha esposa, Desola Fenícia, a quem amo como desde o primeiro dia. Até hoje não consigo entender o que ela encontrou em mim; seu amor e generosidade estão muito além de meus merecimentos. Ao meu filho que amo de paixão, Israel Felipe, que ultrapassando todas as expectativas, tem a envergadura de um homem de Deus como sempre desejei.

Por último, não menos importante, à Isabelle Barone, minha filha mais nova – embora sua maturidade me assombre, às vezes –, que serve costumeiramente de conselheira. Te amo um montão, uma montanha.

Nós chegamos até aqui.

Obrigado.

Sumário

Prólogo 11
Capítulo 1 – Deus estava em Cristo 15
Capítulo 2 – Onde está a lenha para o sacrifício? 25
Capítulo 3 – A agradável oferta de Abel 33
Capítulo 4 – O Espírito Santo e Suas manifestações 45
Capítulo 5 – O juízo começa pela casa de Deus 59
Capítulo 6 – Tarde para se arrepender 71
Capítulo 7 – Como cordeiro entre lobos 85
Capítulo 8 – Nenhuma segurança em mim 95
Capítulo 9 – Orelhas furadas 107
Capítulo 10 – Quase um salvo 119
Capítulo 11 – A música que Deus ouve 125
Capítulo 12 – Pão e vinho 135
Capítulo 13 – Humilhação 145
Capítulo 14 – Tempo de tirar a armadura 157
Capítulo 15 – A qual mundo pertenço? 169
Capítulo 16 – A Torre de Babel dos nossos dias 179
Capítulo 17 – Apostasia moderna 187
Capítulo 18 – Você parece vivo 197
Capítulo 19 – A vinda do reino de Deus 207
Capítulo 20 – Sinais de vida na Igreja 213

Prólogo

Quando decidi escrever este livro, pensava em alguma coisa que pudesse ser um sinal de alerta, despertar a igreja desta geração que parece caminhar à beira de um abismo, confrontar alguns erros que a cada dia são mais comuns, sendo até mesmo integrados à vida diária dos cristãos. Aquela gota de água fria que desce do chuveiro enquanto tomamos banho é ruim, mas nos deixa despertos e saímos mais rápido do banheiro. A intenção é desafiar os cristãos para que tenham um pouco mais de coragem, quem sabe estimular a ousadia na mente de meus queridos irmãos.

Espero que neste momento tão vazio de ícones, de exemplos raros, de santos, apareçam homens e mulheres com força para romper essa muralha intransponível de comodismo e conformismo com o mundo, marca profunda da igreja de Laodiceia. Tenho certeza de que os escândalos e maus exemplos envolvendo os cristãos – diariamente noticiados – entristecem aqueles que são fiéis, e embora não façam ouvir sua voz nos grandes centros, ao menos diante de Deus intercedem pela cura e transformação da igreja que conhecemos.

Basicamente, os capítulos são mensagens e estudos que preguei, em igrejas, retiros e na escola bíblica. Já faz algum tempo que decidi escrever minhas mensagens, assim posso pesquisar enquanto o Espírito Santo vai inspirando.

Será que na ânsia de enchermos o templo de gente estamos deixando o principal interessado do lado de fora? Não é o que ocorre com a igreja de Laodiceia? Pois seu Senhor e Cristo, o noivo, em vez de estar dentro festejando com a noiva, ainda nem entrou (ou foi expulso?) e bate à porta esperando que lhe abram. Quem sabe, à semelhança de Cantares 5:6, quando a noiva se demora em abrir a porta ao amado, ele já tenha ido embora.

Há alguma semelhança hoje com a igreja primitiva? Qual?

Talvez Ravenhill tenha razão ao chamar os seminários de hoje de "cemitérios teológicos", gente neófita que mais pensa em promoção humana do que na obediência a Deus, homens atrás de relevância e distantes do altar. Convidamos uma multidão para a festa e não nos demos conta de que tanto o vinho quanto a comida são poucos. Que o Senhor possa realizar mais uma vez o milagre para salvar a cerimônia.

Mas como exigir dos pregadores uma mensagem expositiva, bíblica e santificada, se a maioria nem ao menos conhece a palavra?

O púlpito está cheio de psicologia barata, frases motivacionais, estratégias de corporação, cujo interesse é o dia de hoje, o bem-estar, a prosperidade, mas o conhecimento das Escrituras é rejeitado. Muitos pastores nunca leram a Bíblia inteira.

Dia desses, minha esposa comentou que viu um anúncio de certo pastor que dizia fazer *Hipnoterapia*, o mais novo embuste para segurar pessoas e angariar dinheiro em algumas igrejas. Conhecendo o histórico desse pastor, não fiquei nem um pouco surpreso, aliás, pode-se esperar muito mais de quem usa o ministério como emprego.

Poderia adiantar aqui as inúmeras acusações que tenho contra a institucionalização que fizeram da Igreja, um namoro com o mundo que já dura muito tempo, mas não quero lhe assustar, leia o livro.

Porém, em contraste com esse estado moralmente caótico que percebemos, existe uma chama de esperança, aquele sussurro embaixo de escombros, quando bombeiros passam horas procurando sobreviventes, quase a ponto de desistirem das buscas. É uma voz rouca, de pessoas que querem viver um tempo a mais com o Senhor, que gritam por socorro, que gemem pelos pecados de seus líderes.

Digo isso pois sei que ainda há esperança, existe sim uma parte que se importa, cristãos que vivem a plenitude da Graça, amam a Deus, vivem com Cristo, são satisfcitos em Cristo.

Tenho colhido testemunhos no mundo todo daqueles que seguem o exemplo dos apóstolos, que sabem partilhar, que cuidam uns dos outros, que não concebem a Cristo como um subserviente, mas como o Senhor de suas vidas.

Os verdadeiros representantes de Cristo são diferentes do mundo, muitas vezes não são notados; grupos pequenos em cada parte do planeta se esforçam em mostrar Jesus em suas vidas, e é em nome deles, de sua dedicação, que escrevi *Sinais de Vida na Igreja*.

Que o Senhor recompense esses valentes guerreiros.

Luiz, um servo em Cristo.

Capítulo 1
Deus estava em Cristo

"Isto é, Deus estava em Cristo reconciliando consigo o mundo, não lhes imputando os seus pecados; e pôs em nós a palavra da reconciliação." 2 Co 5:19

Já ouvi muitas perguntas um tanto desconcertantes e às vezes, até ignorantes, com respeito à morte do Senhor Jesus: "Por que seus discípulos O abandonaram? Por que Ele não desceu da cruz?" E uma que sempre aparece: "Onde estava Deus, o Pai, enquanto seu filho agonizava até a morte?".

Bem, onde e como você estaria se soubesse que sua esposa ou seus filhos estão passando por algum sofrimento? Em dor e agonia? Até onde um pai vai para realizar o que prometeu? Quais são seus limites?

Eu sou esposo e pai, e garanto a você que nos momentos de dificuldade que eles passaram eu sofri com eles, chorei pelas perdas, muitas vezes sem dormir, pois minha alma é apegada à deles. Se nas conquistas eu me sentia vitorioso junto deles, assim também nos momentos de dor – é parte de mim. Ainda que sejamos humanamente limitados pelas circunstâncias, tempo e espaço.

Quero usar aqui um exemplo que pode ser muito útil.

No livro de 2 Reis, vemos a história de Naamã, o leproso que foi curado quando, por meio da palavra do profeta Eliseu, mergulhou sete vezes no rio Jordão. Pois bem, todos sabem que o profeta não aceitou nenhum presente de Naamã, que depois seguiu viagem. Mas enquanto voltava para sua casa, Geazi, servo de Eliseu, correu atrás de Naamã e lhe pediu alguns presentes, mentindo que haviam chegado algumas pessoas onde estava o profeta e que precisava de alguma coisa para dar a elas. O surpreendente é que ao chegar em casa Eliseu lhe pergunta: "Onde você estava, onde foi?" Geazi diz ao profeta que não foi nem aqui nem ali. Mas Eliseu lhe diz: "Acaso não foi com você meu espírito, quando Naamã desceu do carro?"

Veja, se um profeta tem essa presença espiritual tão ativa – e olha que a Bíblia está cheia de relatos assim –, quanto mais Deus vendo seu filho morrer na cruz. Mas a resposta é ainda mais forte, primeiro porque não foi algo impensado ou improvisado o plano da salvação; vinha de longa data, pois Jesus era o "E adoraram-na todos os que habitam sobre a terra, esses cujos nomes não estão escritos no livro da vida do Cordeiro que foi morto desde a fundação do mundo."Apocalipse 13:8. "E olhei, e eis que estava no meio do trono e dos quatro animais viventes e entre os anciãos um Cordeiro, como havendo sido morto, e tinha sete pontas e sete olhos, que são os sete espíritos de Deus enviados a toda a terra.

Apocalipse 5:6 "Mas, pelo precioso sangue de Cristo, como de um cordeiro sem mancha e sem defeito" 1 Pe 1:19. Deus não foi pego de surpresa, aliás, Ele estava, e está, no controle absoluto de tudo.

Mas não quero fazer você chorar, relatando o sofrimento do Pai diante da morte sacrificial de seu filho Jesus. Quero, sim, fazer uma exposição da presença marcante de Deus do início ao fim da crucificação de Cristo. O arquiteto e idealizador de tudo isso é Deus.

Mas antes preciso assentar as bases para entendermos o motivo pelo qual Deus conduziu tudo, como o concebemos.

Nós estabelecemos padrões humanos de comparação com o que é Divino ou espiritual, como Pedro por exemplo. Ele perguntou a Jesus no evangelho de Mateus se podia perdoar seu irmão até sete vezes. Veja que parecia haver um limite, um teto; creio até que Pedro aguardava um elogio de Jesus ao decidir perdoar mais que a maioria. Mas os padrões de Deus são muito mais elevados que os nossos. Então o Senhor responde: "Eu lhe digo não até sete, mas setenta vezes sete" Mt 18:22. Para o homem, sete parece ser um número elevado, mas comparado com o que ordena o Senhor não é nada. E se Pedro fala em perdoar os pecados de um irmão com o qual se convive, o que dizer de um estranho?

Quando alguém nos machuca, sofremos muito, choramos. No entanto, não sentimos nenhum pesar por quem nos ofendeu. Mas Deus é diferente de nós. Ele se compadece do pecador que O ignora, que não corresponde ao seu amor.

Lembra quando Jesus entrou em Jerusalém, como chorou pela cidade? Mt 23:37, Lc 19:40-42. Ele chorou por tudo que Jerusalém havia feito aos profetas, pelo que faria a Ele e também pelas tragédias que a cidade enfrentaria no futuro. Nesse instante, Jerusalém não merecia perdão, mas como sempre digo (porque ouvi algum dia): quem mais precisa ser amado e perdoado geralmente é aquele que menos merece. Jesus não nos ama por algum mérito nosso, pelo contrário, não conseguiríamos de modo algum estar em Sua presença pelos nossos atos.

A exigência do sangue para purificar pecados permeia toda a Bíblia. Deus sempre teve um plano de redenção para o ser humano, mas que exigia um preço de sangue: "De fato, segundo a Lei, quase todas as coisas são purificadas com sangue, e sem derramamento de sangue não há perdão." Hb 9:22. Visto que Deus já estava cansado de tantos sacrifícios e ofertas sem valor espiritual, pois o povo já não tinha o coração voltado para Ele, faz questão de dizer isso por meio dos profetas: "Para que me oferecem tantos sacrifícios, pergunta o Senhor? Para mim, chega de holocaustos de carneiros e da gordura de novilhos gordos; não tenho nenhum prazer no sangue de novilhos de cordeiros e de bodes." Is 1:11. Deus está claramente insatisfeito, e no livro de Malaquias vemos a rejeição por parte do Senhor, do culto que se prestava a Ele, da falta de zelo, fidelidade e integridade, nos sacerdotes e em todo o povo.

Desde o jardim do Éden, o Senhor vem cobrindo as fragilidades do homem. Lembremos de Gn 3:21, embora não explique como Deus fez as roupas para Adão e Eva, o fato é que Ele se importou. Muitos teólogos dizem que um animal foi morto e o Senhor usou a pele dele para a roupa que cobriria a vergonha. Isso seria um tipo de propiciação, como Cristo fez por nós. Então concluímos que se Deus fez isso para o resgate do primeiro casal, foi Ele quem mais fez sacrifícios pela humanidade.

Mais uma vez, agora em Gn 22:8, o padrão se repete. Quando Isaque percebe que está faltando o principal, que é o cordeiro, pergunta: "Meu pai, aqui está a lenha e o fogo, mas onde está o cordeiro para o sacrifício"? Ao que Abraão responde: "Deus proverá para Si o cordeiro para o sacrifício". E assim foi, ele levantou seus olhos depois de ouvir o anjo, e viu um cordeiro amarrado pelos chifres, o tomou e o matou. Note que Deus providenciou mais uma vez o sacrifício, pois é do seu interesse que o homem seja salvo.

De fato, quando entendemos o que a Reforma Protestante fez, e conhecemos o calvinismo, uma cortina se abre diante de nossos olhos. O cordeiro sempre esteve lá, prescrito antes da fundação do mundo: Hb 9:26, Ap 13:8. Como nós também fomos eleitos antes da fundação do mundo: Ef 1:4. Jesus foi amado ali também: Jo 17:24. O reino está preparado desde essa época: Mt 25:34. Você percebe que o Senhor tem conhecimento de tudo isso?

Mas, voltando ao assunto. O que Deus fez em Cristo? Em 2 Co 5:21 e também em Rm 8:3 nos é revelado que Deus "O fez pecado por nós". Acho que nenhum de nós consegue entender a dimensão disso, Deus transformando seu próprio filho em pecado para por meio Dele nos salvar. Isso é amor. Pois aquele que não conheceu pecado foi tornado pecado em nosso favor. Sem que fôssemos atrativos ou desejáveis, sem nenhuma boa obra que nos representasse.

Quem está oferecendo o sacrifício? Onde estava Deus? Ele estava em Cristo, com certeza. O texto que pode nos dar ainda mais segurança sobre o tema está registrado em Is 53:10: "Ao Senhor agradou moê-lo". Mas agradar aqui não tem o sentido sarcástico que empregamos com nossas palavras quando alguém se vinga de um inimigo. Não, o que nos ensina o versículo bíblico é que o plano eterno do Criador está se realizando. Como tudo que Deus quer acontece, o Jesus, servo sofredor, cumpre a vontade de Deus.

O sofrimento de Cristo Jesus produz nossa justificação, como diz em Rm 4:25 e 5:16: "A fim de nos tornar justos" e "quitar nossas dívidas". Algo que jamais poderíamos fazer sozinhos. Como poderíamos pagar por nossos pecados?

É verdade que o homem provocou esse distanciamento e essa separação de Deus, mas somente Deus pode prover a reconciliação. Deus tem um filho e Ele é o caminho que conduz ao Pai. Jo 14:6.

Numa das passagens mais emblemáticas da história, Deus até procura alguém que pudesse fazer alguma coisa pela humanidade, mas não encontra ninguém. Ele declara então que Ele mesmo providenciaria o resgate e a salvação: "Olhei, e não havia ninguém para ajudar-me, mostrei assombro, e não havia ninguém para apoiar-me. Por isso o meu braço me ajudou, e a minha ira deu-me apoio" Is 63:5, e ainda: "Minha retidão logo virá, minha salvação está a caminho, e meu braço trará justiça às nações. As ilhas esperarão em mim e aguardarão esperançosamente pelo meu braço" Is 51:5. E mais: "Ele viu que não houve ninguém, admirou-se porque ninguém intercedeu; então o seu braço lhe trouxe livramento e a sua justiça deu-lhe apoio" Is 59:16.

Deus decide agir – não há dois mil anos –, desde a eternidade, conhecedor de tudo que existe, Ele mesmo providencia a salvação dos homens.

Do começo ao fim deste livro, você terá centenas de passagens bíblicas para estudar a palavra, o que é importante, já que a Bíblia não deve ser lida, e sim, estudada.

Uma outra passagem que nos mostra o controle e a direção de Deus nos acontecimentos acerca da morte de Cristo está em At 4:27: "Os reis da terra se levantam, e os governantes se reúnem contra o Senhor e contra o seu Ungido". "De fato, Herodes e Pôncio Pilatos reuniram-se com os gentios e com os povos de Israel nesta cidade, para conspirar contra o Teu santo servo Jesus, a quem ungiste. Fizeram o que o Teu poder e a Tua vontade haviam decidido de antemão que acontecesse" At 4:26-28.

O poder e a vontade de Deus decidiram o que haveria de acontecer de antemão, pois Ele é o provedor da salvação.

Você consegue ver o padrão? Deus não se cansa de socorrer a humanidade, é Ele que provê as roupas para Adão e Eva, o cordeiro para Abraão, a baleia para Jonas e também a salvação em Cristo Jesus, a semente e descendência da mulher que esmagaria a cabeça da serpente (adversário).

Por isso, também, ninguém deve receber a Cristo apenas para fugir do inferno – um lugar terrível que não serve para tirar férias –, nem se entregar ao Senhor por desejar uma vida folgada aqui na terra, ou para morar nas mansões celestiais, andar nas ruas de ouro, nem para ser como os anjos. Não, o que precisamos considerar seriamente é que devemos receber Cristo (aceitar o que Ele fez por nós como o próprio Deus aceitou) como suficiente, e reconhecer o que ele disse: "Sem mim vocês não podem fazer coisa alguma" Jo 15:5.

Nós não temos como pagar pela nossa salvação. Primeiro porque não saberíamos nem como nos aproximar Dele. Olha a pergunta que o Senhor Jesus fez: "O que o homem poderia dar em troca de sua alma?" Mc 8:37. Embora o mercado das almas continue lucrativo para o inferno, a troca jamais será justa para o homem. E continua: "Pois o resgate de uma vida não tem preço. Não há pagamento que o livre" Sl 49:8. Não há acordos nem facilidades e seu dinheiro ou fama não têm valor algum diante do tribunal de Cristo. Você precisa do Senhor Jesus em vida, pois após a morte só Ele testemunhará por ti.

Por que você está com Cristo? O que o atraiu Nele? Você O conhece bem? E se não O conhece, deseja fazer isso hoje? De verdade?

Deus estava em Cristo para reconciliar consigo mesmo toda a humanidade; isso nunca foi uma iniciativa sua, mas Dele. Havia um muro nos separando, mas o Senhor o derrubou (Ef 2:14). Nós conhecemos casas que são separadas por muros, cidades inteiras e até países – como o que dividia a Alemanha, como o que os EUA construíram na divisa com o México. Como dói a separação daqueles que amamos, não é mesmo? Mas o homem não fez nada para derrubar esse muro. Então Deus fez, pagando um valor muito alto, quitando a nossa carta de dívida (Cl 2:14).

Pois procede tudo Dele.

Se você O ama somente em troca de benefícios pessoais, está errado. Porque nesse exato momento, muitos estão morrendo no mundo todo, seja por uma fatalidade ou por uma doença, como o câncer, ou um mal epidêmico, e assim mesmo O glorificam como Senhor. Há quem esteja passando por dificuldades, desempregado, e também confia e louva a Deus, mesmo nessa situação. Mas por qual motivo você ama a Deus e ao seu filho Jesus?

Sabe, a pior coisa que pode acontecer ao homem não é o inferno, e sim a ausência do Senhor, como bem expressa Paul Washer em um de seus vídeos do *site Voltemos ao Evangelho*; pois nesta vida existem multidões que não servem a Deus, não O conhecem de verdade, nem partilham do Seu amor, e mesmo que vivam 20 ou 120 anos sem Cristo, o que aproveitaria a elas? (Ec 1). Não viver com Ele aqui é simplesmente não viver coisa alguma.

Você acha que o céu é um fim? A vida eterna é "conhecer o Senhor", estar na presença Dele, conhecê-Lo, amá-Lo e servi-Lo de coração. Se faço isso desde agora serei bem-aventurado, pois a vida eterna já começou para aqueles que amam a Deus. O problema é que muitas pessoas pensam apenas no galardão e se esquecem de viver todo dia intensamente nos braços do Pai.

Há uma frase conhecida que diz: "Palavras não amam". Certa vez, o Senhor Jesus citou isso: "Este povo me honra com os lábios, mas o seu coração está longe de mim" Mt 15:8.

É comum vermos pessoas declararem seu amor a outras, seja em ocasiões especiais, nas redes sociais, em frente às câmeras ou em datas festivas, mas em pouco tempo descobrimos que aquilo era apenas passageiro. Isso parece ocorrer mais entre celebridades que possuem milhões de fãs. Começam um relacionamento, mas, em pouco tempo, ambos arrumam outra paixão.

Com Deus é diferente, se Ele diz que ama é porque ama mesmo, e Ele prova seu amor por nós. Segundo Rm 5:8: "Cristo morreu por nós quando ainda éramos pecadores". O amor de Deus é insistente.

Em Jo 3:16, um dos textos mais lidos no mundo todo, vemos que Ele "amou o mundo de tal maneira". Mas que maneira foi essa? Deu o Seu filho unigênito para morrer em nosso lugar. Muito antes de O querermos. Como uma oferta de amor.

Por todas essas evidências é que podemos confiar inteiramente Nele como nosso salvador, aquele que planejou e executou nossa redenção, o autor e consumador de nossa fé, o primeiro e o último, alfa e ômega.

Por isso, não acredito em muitos pregadores que dizem que o pai se ausentou no momento da morte de seu filho. Ele não virou as costas ao sofrimento e sacrifício de seu filho. Até a natureza se comoveu, quando surgiram as trevas e um terremoto no instante em que Ele expirou, como se o planeta gritasse.

Jesus sabia o que iria acontecer depois, por isso consolou o ladrão que clamou por misericórdia: "Eu lhe garanto, hoje mesmo estarás comigo no paraíso." Lc 23:43.

Com certeza o Pai estava ali, bem ao lado de Seu filho, acompanhando-o como sempre. Além de avalizar o que estava acontecendo, a Sua justiça estava sendo satisfeita na cruz do calvário, pois tudo estava se consumando, o valor da dívida estava pago por Jesus e agora o Pai podia ouvir as orações de seus filhos no mundo todo. O véu se rasgou. Temos acesso a Ele pelo sangue de Cristo.

O que acontecia quando um sacerdote oferecia um sacrifício a Deus no tabernáculo ou no templo? Quando um animal era imolado e queimado para que seu cheiro agradasse a Deus? O Senhor sentia o cheiro agradável do sacrifício, e aplacava sua ira.

Há um versículo em Efésios que demonstra melhor isso: "Vivam em amor como também Cristo nos amou e se entregou por nós como oferta e sacrifício de aroma agradável a Deus." Ef 5:2.

Então que fique bem claro: Deus não reparte sua glória com ninguém, pois a obra de redenção nunca foi da sorte ou do acaso, não foi um golpe do destino, mas um plano muito bem elaborado e conduzido pelo supremo Criador (*Ribono shel olam*) mestre do universo. Deus não foi surpreendido. É Onisciente, Onipotente e Onipresente.

A própria pobre pedra, que no monte jorra fonte.
O sorriso no rosto lampeja. Da alma aflita, andeja.
23/3/2014

Capítulo 2
ONDE ESTÁ A LENHA PARA O SACRIFÍCIO?

"E tomou Abraão a lenha do holocausto, e pô-la sobre Isaque seu filho; e ele tomou o fogo e o cutelo na sua mão, e foram ambos juntos." Gn 22:6

Bem, creio que o leitor irá criticar-me agora por dar a este capítulo um título distinto ao que Isaque falou a seu pai, visto que o normal seria usar o texto mais conhecido de Gênesis 22, em que Isaque pergunta a seu pai: "Onde está o cordeiro para o sacrifício?". Porém, meu objetivo aqui, como você irá descobrir, é confrontar o pragmatismo, o comodismo e a frieza espiritual, somados à falta de compromisso da chamada "Igreja moderna", cheia de pseudocristãos e um péssimo testemunho de vida em nossos dias. Abraão estava levando a lenha ao menos, mas... e nós?

Uma geração que se aproxima de Deus pelos bens que Ele pode dar não tem o que queimar no altar, ainda que o Senhor apresente o cordeiro para o sacrifício, o homem precisa apresentar o restante.

A primeira vez que ouvimos a respeito de um sacrifício na Bíblia foi quando Abel ofereceu as primícias de seu rebanho em holocausto a Deus. Entende-se que a lenha estivesse presente.

Pois como se queimaria o sacrifício sem lenha? Nesse tempo, a lenha era um dos elementos fundamentais para a realização do sacrifício, como oferta queimada ao Senhor. Com o passar dos anos e o surgimento de regras para o sacrifício, no tabernáculo e depois no templo, os homens passaram a se preocupar com isso, tanto levitas e sacerdotes como juízes e reis, pois, segundo o que está escrito: "Onde o fogo terá que ser mantido aceso" Lv 6:9. E mais:

> "Mantenha-se aceso o fogo no altar; não deve ser apagado. Toda manhã o sacerdote acrescentará lenha, arrumará o holocausto sobre o fogo e queimará sobre ele a gordura das ofertas de comunhão. Mantenha-se o fogo continuamente aceso no altar; não deve ser apagado" Lv 6:12,13.

A responsabilidade era tanta que, imaginem, um povo tão numeroso peregrinando no deserto (onde sabemos não ter lenha sobrando para queimar) precisava manter isso em mente – a lenha para o consumo pessoal diário e mais a lenha para os sacrifícios do altar de Deus.

No capítulo 15 do livro de Números, vemos a história do homem que foi flagrado apanhando lenha num dia de sábado – certamente preocupado com a refeição do lar – e que foi morto por apedrejamento por desobedecer a ordem do descanso, determinada por Deus para os filhos de Israel.

Outro texto em Pv 26:20 diz: "Sem lenha, a fogueira se apaga". Por isso a necessidade de ter muita lenha para manter o fogo aceso.

Vou fazer mais alguns comentários para depois voltar a Abraão.

Ao saírem do Egito, a ordem era para que os estrangeiros ficassem responsáveis por cortar lenha e carregar água: "Estrangeiros que vivem nos seus acampamentos cortando lenha e carregando água para vocês" Dt 29:11.

Mas depois Deus ordenou por meio de Moisés que os descendentes de Aarão, levitas sacerdotes, arrumassem a lenha sobre o altar: Lv 1.7. Uma ordem que, com o passar do tempo e por causa da desobediência de Israel e da falta de zelo de seus líderes, não foi cumprida.

Já no livro de Josué, vemos uma concessão feita aos estrangeiros que enganaram os líderes hebreus dizendo ser outro povo. Eles se tornaram rachadores de lenha e carregadores de água: "E acrescentaram: Eles ficarão vivos, mas serão lenhadores e carregadores de água para toda a comunidade. E assim se manteve a promessa dos líderes". Então Josué convocou os gibeonitas e disse: "Por que vocês nos enganaram dizendo que viviam muito longe de nós, quando na verdade vivem perto? Agora vocês estão debaixo de maldição: Nunca deixarão de ser escravos, rachando lenha e carregando água para a casa do meu Deus" Js 9:21-23.

A lenha usada nos holocaustos, porém, era tratada como parte conjunta do sacrifício, e o manuseio teria de ser feito por pessoas determinadas para isso. Tempos depois, quando Neemias restaurou as cerimônias após a reconstrução de Jerusalém, foi retomada essa prática, como registrado:

"Também tiramos sorte entre as famílias dos sacerdotes, dos levitas e do povo, para escalar anualmente a que deverá trazer lenha ao templo de nosso Deus, no tempo determinado, para queimar sobre o altar do Senhor, o nosso Deus, conforme está escrito na Lei" Ne 10:34.

É bom ver o cuidado de Deus em orientar seus filhos com respeito a algo que muitos não dariam valor algum nos dias de hoje. "É só lenha", você diria, mas para Deus é mais que isso, é fundamental para o sacrifício.

Agora quero fazer um paralelo entre Isaque e a nossa geração, comparado com Cristo e a cruz, pois creio ser relevante.

Isaque era o filho da velhice de Abraão e Sara, o filho da promessa, que seria a descendência do nosso pai na fé. Isaque não sabe, mas está para ser oferecido – a pedido de Deus – como sacrifício, um holocausto, uma oferta queimada agradável ao Senhor. Ao iniciar a subida do monte, a lenha é colocada em seus ombros; ele mesmo carrega a lenha com a qual seria queimado. Sem a lenha não adiantaria ele ser amarrado e depois imolado pelo pai, como um cadáver qualquer.

Nossa geração é aquela que quer encontrar o cordeiro amarrado pelos pés e ouvir a voz do anjo dizendo: "Muito bem, vocês fizeram tudo certo". Mas a realidade é bem outra. Porque não basta assinar cheques, passar o cartão e achar que a contribuição financeira é suficiente para conquistar o coração do Pai. Há algo mais, um esforço pessoal, intransferível e inadiável, que exige dor e sofrimento por parte de quem se aproxima de Deus. É isso que nos diz o texto: "Portanto, irmãos, rogo-lhes pelas misericórdias de Deus que se ofereçam em sacrifício vivo, santo e agradável a Deus; este é o culto racional de vocês" Rm 12:1-2.

Será que, se fosse solicitado, John Huss mesmo levaria a lenha com a qual o matariam? É possível.

Muito antes de Kant, ouvimos sobre racionalidade – razão –, pois a razão aponta para Deus, diferentemente do que diz o néscio: não há Deus. Apenas pessoas néscias dizem isso. E tais pessoas não estão falando razoavelmente, pois, somente com a razão se pode declarar a existência de Deus. Mas isso é tema para outro livro.

É preciso calejar os ombros com o peso da lenha, quando subirmos até sua santa presença. Não lenha verde, somente lenha seca pega fogo rapidamente e consome o holocausto. A subida é íngreme e cansativa, mas não temos tempo a perder. Deus prepara o cordeiro, mas a lenha somos nós que devemos levar.

Quando decidimos caminhar com o Senhor, devemos juntar muita lenha, um testemunho de vida repleto de lágrimas pode se comparar a uma grande combustão. Foi o apóstolo Paulo que nos ensinou: "Sem mais, que ninguém me perturbe, pois trago em meu corpo as marcas de Jesus" Gl 6:17. Sinceramente, não encontro isso na igreja moderna, pelo contrário, vejo pessoas que não admitem nenhum tipo de sofrimento, pois alegam que Cristo levou tudo sobre Si. São essas pessoas que interpretam Filipenses 4:13 de modo errado, fora de seu contexto, crendo não haver limites em acumular bens, pensando em riquezas ou coisas do gênero. Mas na realidade o apóstolo Paulo faz um relato de seus sofrimentos nos versículos anteriores até chegar no 13, em que diz ter passado por tudo aquilo porque tinha Deus que o fortalecia. Não estava falando sobre dinheiro.

O cristão atual tem um senso de humildade muito abaixo do que deveria para reconhecer seus erros; aliás, ele se parece muito com o fariseu que foi ao templo orar:

> "Dois homens subiram ao templo para orar; um era fariseu e o outro, publicano. O fariseu, em pé, orava no íntimo: Deus, eu te agradeço porque não sou como os outros homens: ladrões, corruptos, adúlteros; nem mesmo como este publicano" Lc 18:10-11.

Na igreja, vejo pessoas comparando sua vida morna, sem oração e honestidade, e muito menos conhecimento bíblico, com a vida de pessoas que estão no mundo, como o fariseu que disse não ser como os corruptos, ladrões e adúlteros de sua época. Os irmãos dizem: "Veja pastor, eu não sou como os bêbados da minha rua, ou aqueles que não frequentam a igreja, ou como os políticos corruptos da minha cidade".

Mas eu quero que você faça outra coisa agora. Que tal comparar sua vida com a de pessoas realmente santas? Lembro de um vídeo de Paul Washer em que ele faz esse desafio: "Compare sua vida com Daniel, começamos bem. Ou Fineias (neto de Aarão). E Samuel, que tal ele? E Moisés, Pedro, Paulo, Barnabé, Elias". Bem, a lista é realmente grande. Não seja tímido.

Está vendo!? Como diz Paul Washer: "Quando olhamos para pessoas com um nível de santidade muito superior ao nosso as coisas se complicam". Você pode dizer que é muito difícil alguém se comparar com qualquer um dos patriarcas, profetas, sacerdotes, discípulos e apóstolos, mas a minha pergunta então é: Com quem você se parece? A vida de santidade era só para eles e não para nós? Eles tiveram muitos sofrimentos na vida, levando em seu corpo as marcas de quem serve a Deus para quê? Para que você vivesse na regalia, mordomia e frieza espiritual? Ora, não se desculpe.

Nós nos acostumamos a oferecer a Deus um sacrifício com a lenha dos outros, o testemunho dos outros e até a fé dos outros. Alguém levou a lenha em seus ombros até a montanha, não eu. Falta testemunho de vida, compromisso sério com o evangelho e uma vida de oração digna de quem foi salvo por Cristo. Jejuns regulares são sempre úteis. Por que não? Você acha que não precisa?

Quando vejo Isaque carregando a lenha sobre a qual seria amarrado e queimado no monte, percebo como a Igreja tem falhado hoje em orientar os fiéis a fazerem uma entrega total de suas vidas. Eu insisto com os que me ouvem: "Gastem suas vidas até não sobrar mais nada, como lenha seca que queima rapidinho. Arrumem a lenha bem-disposta, deitem-se em cima dela e queimem até o fim, que não sobre nada – é a morte para o mundo – consuma todas as suas energias para Deus e não deixe a lenha no pé do monte pensando que pode oferecer apenas uma parte da oferta. Se não for tudo, Deus não aceita".

Se o cordeiro deveria ser sem defeito, a lenha também não poderia ser qualquer uma.

Falemos da cruz, uma outra madeira que foi utilizada integralmente: "E quem não toma a sua cruz e não me segue, não é digno de mim." Mt 10:38. Ou: "E aquele que não carrega sua cruz e não me segue não pode ser meu discípulo" Lc 14:27. E mais ainda: "Pois cada um deverá levar a própria carga" Gl 6:5.

Como o próprio Senhor Jesus deu o exemplo, sendo morto fora da cidade, pendurado naquela cruz por nós, temos de nos esforçar assim também. É pessoal e intransferível. Não devo empurrar meus sofrimentos para outros, tenho de assumir com dignidade, afinal: "Mas o meu justo viverá pela fé. E, se retroceder, não me agradarei dele." Hb 10:38.

O cristão, em seu sofá, em sua sala aconchegante, olha para as notícias na televisão e logo se torna um juiz, condenando o estuprador, o latrocida, o corrupto, e em alguns casos, pede até a pena de morte para eles. Não pense que estou fazendo apologia ao crime, não mesmo. Mas a maioria vende um carro escondendo os defeitos, não receia lucrar com o sofrimento de alguém, maltrata a família e cobiça o que é dos outros, não se compromete com nenhuma responsabilidade no corpo de Cristo e gasta seu dinheiro desordenadamente sem investir no Reino, fala mal de seus irmãos e muitas outras coisas que revelam seu mau testemunho ao mundo. Desculpe, o que estou dizendo não ocorre?

No entanto, todos sabemos o que Jesus falou sobre nossa justiça: "Pois eu lhes digo que se a justiça de vocês não for muito superior à dos fariseus e mestres da lei, de modo nenhum entrarão no Reino dos céus" Mt 5:20. Está vendo? O evangelho é diferente de qualquer religião. Primeiro porque em Cristo começamos no evangelho perdendo coisas e não acumulando. E, segundo, porque o evangelho não é apenas de palavras e sim de atitudes concretas, visíveis. Não basta dizer que é, as pessoas têm de ver.

Lembro de quando era menino, já acostumado ao trabalho, meu pai dava instruções a mim e aos meus irmãos para que cortássemos lenha, muita lenha, pois na época raramente se usava o fogão a gás, já o fogão a lenha era usado diariamente. Ainda bem que encontrávamos muita lenha perto de casa. Em uma grande garagem, estocávamos metros e metros de lenha cortada, principalmente no inverno. A comida estava sempre quentinha e, de sobremesa, um doce de abóbora bem apurado.

Além disso, no inverno, quando não tínhamos como brincar do lado de fora da casa, ficávamos em volta do fogo, aquecidos. E sabe por quê? Porque tinha lenha.

Talvez Isaque pensasse ao subir a montanha: "Eu não sei onde está o cordeiro, mas sei que haverá um sacrifício, porque a lenha está aqui". Assim, leve sua lenha ao topo da montanha de Deus, faça todo esforço possível e não fique se perguntando: "Onde está o cordeiro". Não questione os métodos de Deus. Na hora certa Ele vai aparecer, mas tenha o cuidado de estar lá.

Deus nunca se atrasa, só Ele tem o controle absoluto de tudo. Veja, se Ele vai receber uma oferta, dádiva, louvor, sacrifício ou qualquer outro dom de você, acredite, Ele é quem providencia aquilo que Ele mesmo recebe. Pois tudo vem Dele e é para Ele, não tem nada a ver conosco. Mesmo quando você acredita estar fazendo uma grande coisa, ainda assim, não é nada diante de sua glória.

Tudo que escrevo aqui, pode ter certeza, é o que ensino por onde vou, não só para a minha congregação. Estou certo de que em muitos lugares nunca mais irão me convidar, pois a palavra é por vezes dura e implacável, mas sempre bíblica e atual. O que vejo é o que a maioria também vê; apenas são poucos os que têm coragem de denunciar.

No momento em que o cristão deixar de viver a vida dos outros, a experiência dos outros, o testemunho dos outros e se dedicar com sinceridade e exaustão a esse Deus misericordioso que temos, ele vai ter uma comunhão muito maior com o Senhor.

Ei menino, aonde vai com essa pressa?
Preciso apanhar um pouco de lenha.
Temos que cozinhar alguma coisa.
Chegou alguém em nossa casa.
Então eu fui cortar a lenha!
12/2014

Capítulo 3
A AGRADÁVEL OFERTA DE ABEL

"O Senhor aceitou com agrado Abel e sua oferta." Gn 4:4

Nossa geração tem ultrapassado muito os pecados de gerações passadas, principalmente na confusão que faz ao buscar formas de se aproximar de Deus. Muitos vivem uma falsa religião que apenas satisfaz os desejos do homem e não a plena vontade do Senhor.

Multiplicam-se bajuladores, ilusionistas, falsos mestres e profetas, aduladores de homens e mulheres corrompidos pelo sistema falido da sociedade e da cultura, que invadiram o meio evangélico. Homens que exaltam homens e igrejas preocupadas em agradar pessoas e não ao Criador eterno. Criam-se estruturas para megaeventos que fazem qualquer um suspirar. Mas não a Deus. Ele não se comove com nada disso. Como diz John MacArtur, em seu livro *Nossa suficiência em Cristo*:

> "Aqueles que colocam o entretenimento no lugar de uma clara proclamação da verdade estão em conflito com os desígnios de Deus para a igreja. Embora creiam que os resultados externos justificam seus métodos, eles estão causando males e não o bem, não importa a multidão que consigam atrair. Qualquer metodologia usada simplesmente para atrair uma sociedade que se mostra indiferente é um pobre substituto para o claro ensino das

Escrituras. Alguns meses de pregação firme, direta e sem bajulação sobre o arrependimento e a santidade reduziriam o número de ouvintes nas igrejas, mas revelariam os que estão genuinamente redimidos ou sendo guiados pelo Espírito Santo à redenção. No entanto, o pragmatismo está remodelando quase todas as áreas do ministério evangélico. Onde a pregação ainda pode ser encontrada, tende a ser centralizada no homem e dominada por uma mentalidade que procura reconciliar o homem com os homens, e não o homem com Deus. Seu objetivo nem sempre é expresso, mas o seu verdadeiro propósito é acalmar as pessoas que estão totalmente imersas em si mesmas, em suas mágoas e em suas necessidades. Assim, o pragmatismo é alimentado."

Um retrato esclarecedor do momento.

Vejo um esforço extraordinário das igrejas para atrair pessoas para o culto, mas o mesmo esforço não é feito para atrair a santa presença de Deus. Queremos tudo de Deus, mas nosso esforço é mínimo; além disso, damos muito valor àquilo que não agrada a Deus e o que Ele realmente deseja tem ficado em segundo plano em nossas reuniões.

Principalmente por causa de nossa herança religiosa e cultural. Bem, quando aqui chegaram, nossos colonizadores implantaram o escambo, essa prática ridícula de trocar objetos por ouro, pau-brasil, pedras preciosas e outras riquezas que levavam a Portugal, começando naquele tempo a saquear a nação. Desde esse tempo, mudou apenas o nome das pessoas, o costume permanece. A diferença é que agora o lucro vai parar em algum paraíso fiscal, em alguma ilha por aí. Mas não quero ficar aqui lavrando em terra alheia, meu ambiente é a igreja de Cristo e é nessa seara que vou trabalhar.

O problema é maior quando as pessoas participam da igreja sem conseguirem abandonar a vida torta de antes. Trazem para o meio da igreja comportamentos desagradáveis, crendo que não sejam tão ruins. Querem Deus somente para melhorar a vida – afinal, o ambiente é bom, a música também – gostam de sua vida e sentem-se confortáveis no meio do povo de Deus.

Mas a verdade é que Deus não aproveita nada de sua vida antiga. Você nunca foi bom. O Senhor quer é salvá-lo da condenação eterna e se você está na igreja por causa do ambiente, já começou do modo errado.

No entanto, o mal maior que tem maculado nossa geração é essa obsessão pela riqueza, enchendo a mente e o coração dos crentes. O ter em vez de ser, um paraíso na terra, ou como diz Joel Ostin (ele está errado): "O melhor para sua vida agora". A culpa não é dele somente, muitos outros pregadores desqualificados que não oram e nem conhecem as Escrituras contribuem para isso. São mal-intencionados.

Se desejassem riquezas para si somente, não seriam tão ridículos, mas o que fazem é encher a cabeça das pessoas com coisas mirabolantes que Deus jamais sonhou para seu povo.

O primeiro erro é dizer que Deus deseja que todos os seus filhos sejam ricos. Ora, onde está escrito isso? E qual é o valor que o Senhor dá a riqueza? Isso tem ligação com Seu amor? Se todos forem ricos, onde ficarão os pobres que Ele mesmo diz: "Pois os pobres, vocês sempre os terão consigo, mas a mim vocês nem sempre terão." Jo 12:8.

Tanto desprezar o pobre quanto exaltar o rico são condenados na palavra de Deus: "Mas vocês têm desprezado o pobre. Não são os ricos que oprimem vocês? Não são eles que vos arrastam para os tribunais?" Tg 2:6. Os ricos são opressores e mesmo assim os cristãos desejam o mesmo estilo de vida. Pior que isso é ostentar aquilo que não se é. Longe de mim achar que Deus só ama a pobreza, porém, pregar uma teologia da prosperidade inexistente não corresponde ao evangelho. É natural que, na conversão, os homens adquiram um novo modelo de vida, trazendo mais esperança e maturidade, controle sobre as finanças e gastos bem ordenados. Pensar que a vida é uma carreira para o sucesso financeiro é ignorância.

Em mais de 30 anos de ministério tenho testemunhado muito disso, o irmão necessitado era frequente na igreja, fiel, mesmo no pouco que ganhava, mas assim que melhorou de vida, com um salário alto e muitos bens, a igreja ficou em segundo plano, nunca mais foi fiel. Assim como ele, muitos abandonaram até a família.

E quanto ao desejo da riqueza?

> "Os que querem ficar ricos caem em tentação (*Será a mesma de Adão e Eva?*), em armadilhas (*laços do passarinheiro*) e em muitos desejos descontrolados e nocivos (*não é controlado pelo Espírito*), que levam os homens a mergulharem na ruína e na destruição" 1 Tm 6:9.

Com certeza você não quer mergulhar na ruína e na destruição, não é mesmo?

Tudo começa com o desejo, com pregadores que sonham com a fortuna e que talvez nunca tenham lido onde diz: "Não levem nada pelo caminho: nem bordão, nem saco de viagem, nem pão, nem dinheiro, nem túnica extra". Lc 9:3. "Nem bolsa nem sandálias" Lc 10:4. "Nem ouro, nem prata, nem cobre em seus cintos" Mt 10:9.

Qual o chamado de um pastor, pregador ou profeta? (eles são tão poucos ultimamente). É para multiplicar bens, adquirir luxo e mordomias? Coisas como essas apenas atrapalham no serviço do reino! É tanto o desconhecimento bíblico, que ouvi de um irmão outro dia: "Olha pastor, eu não gosto daquelas canções na igreja que dizem que Jesus é filho de Davi e nem daquelas que dizem que ao encontrar Jesus, na sua vinda, eu vou depositar (jogar) minha coroa a seus pés, pois se eu ganhei a minha coroa com muita luta aqui na terra, ela é minha, não vou deixá-la por nada".

Como se uma coroa fosse maior do que a presença de Deus. Até hoje não acredito que ouvi isso. Imagine o que estão ensinando por aí? É de chorar.

Voltando ao assunto, do anseio pela riqueza dos pregadores modernos, isso não combina nada com a mensagem da salvação do Senhor Jesus, ainda que alguns insistam: "Nós temos direito, porque Deus é rico e não quer que seus filhos passem dificuldades, blá, blá, blá, blá". Para quem não conhece bem as Escrituras essa conversa até passa, mas, para os conhecedores do evangelho, cheira mal o que estão fazendo com a igreja do Senhor. Onde está o "deixar tudo e O seguir"?

Ouvi falar sobre um pastor de uma megaigreja que prega com dois seguranças ao lado do altar; não são diáconos, são seguranças particulares mesmo. Parece que é porque ele não quis deixar o alto salário na empresa onde trabalha e está conciliando as duas coisas. Mas até quando?

Outro que conheci trabalhava em uma multinacional e seu salário era maior que a arrecadação de sua igreja, então, pela fé ele decidiu largar o trabalho para dedicar-se integralmente ao chamado, confiando que o Senhor não deixaria faltar nada em sua vida. E assim aconteceu, logo a igreja pôde dar-lhe um sustento digno como o que ele tinha na antiga empresa. Mas depois de alguns anos ele decidiu ingressar na política e seu tempo passou a ser dividido entre a obra de Cristo e o legislativo e com certeza seu salário tornou-se maior do que o de outros. Soube mais tarde que esse pastor foi preso por crime de corrupção.

Há outros que dizem que Jesus era rico; eu respondo a isso em outro livro, no qual afirmo que Jesus era pobre, e apresento evidências.

Por que os homens querem riquezas? O que o Senhor estava dizendo na comissão aos discípulos é que não há tempo a perder e que devemos focar noutra direção. Viver da fé e pela fé, apascentar o rebanho e não deixar que nenhum tempo ocioso em nossa vida seja a causa da perdição de outros.

Alguns anos atrás, decidi não comprar mais roupas, e nunca me faltou o que vestir, eu sempre ganho, sejam novas ou usadas. Normalmente ninguém sabe o meu propósito e não incentivo minha esposa a comprar para mim, e não sou o único, muitos fazem isso. Creio não ser um aceta, na acepção da palavra, mas aprendi a viver da fé. Nunca mais entrei em um shopping – acho um desperdício –, desliguei a TV e não tenho Facebook nem coisa parecida. Parei de acompanhar os esportes e não torço para ninguém (o entretenimento é perigoso). Já cheguei a jejuar 12 dias por mês e meu tempo de oração com certeza não faz parte da média dos pastores, e todo mês me separo de um tipo de alimento.

Além da leitura da Bíblia (por várias vezes), já li mais de 700 livros até o momento; faço visitas e vigílias, muitas vezes sozinho. Apesar dos mais de 30 anos de pastorado, somente agora conseguimos financiar tanto a nossa casa própria quanto o nosso carro.

Gostaria de colocar outras coisas aqui, mas não é o momento. O que quero enfatizar é que os tesouros prometidos ao jovem rico estavam nos céus, não na terra: "Ao ouvir isso, disse-lhe Jesus: 'Falta-lhe ainda uma coisa. Venda tudo o que você possui e dê o dinheiro aos pobres, e você terá um tesouro nos céus. Depois venha e siga-me.'" Lc 18:22.

O evangelho começa quando deixamos coisas e não quando as conquistamos.

Outra prática horrível é querer trocar o que você oferece a Deus e aquilo que deseja receber das mãos Dele. Há muitos aproveitadores afirmando que quanto mais ofertar – mesmo que ofertas sejam muito diferentes do que ensinam – mais receberá aqui na terra. Como se o sol não estivesse sobre justos e injustos. Já que o desejo da maioria é ter em abundância, os pregadores não precisam de muito esforço para convencê-los, basta falar o que o povo quer ouvir.

Mas quero usar o exemplo e a atitude de Abel, pois é sobre ele que falamos, o segundo filho de Adão e Eva e o segundo homem a nascer no mundo, já que seus pais foram criados pelo Senhor já adultos. Veja, enquanto Caim foi lavrador, confirmando assim o que Deus havia dito a seus pais: "Para cuidar dele e cultivá-lo" Gn 2:15. "O solo do qual fora tirado" Gn 3:23. "E também não havia homem para cultivar o solo" Gn 2:5, Abel tornou-se pastor de ovelhas, algo novo, visto que seu irmão nasceu antes dele e certamente começou a trabalhar antes também. O pai era lavrador, Caim também, uma sequência lógica, mas quando Abel alcança certa idade, ele torna-se pastor de ovelhas, não lavrador. Lembre-se de que as ovelhas não eram a base da alimentação, não se comia carne, mas sim frutas e vegetais. E o Senhor Deus ordenou ao homem: "Coma livremente de qualquer árvore do jardim" Gn 2:16. "Terá que alimentar-se das plantas do campo" Gn 3:18. "Eu lhes dou todas as plantas que nascem em toda a terra e produzem sementes, e todas as árvores que dão frutos com sementes. Elas servirão de alimento para vocês" Gn 1:29. Ou seja, comer carne só no capítulo 9. Então o que levou Abel a cuidar de ovelhas se os animais não eram abatidos? Era apenas por causa da lã? E por que não outros animais? Por que ovelhas?

Em Gênesis 3.21 lemos sobre as roupas que Deus fez para vestir Adão e Eva. Se Deus sacrifica o primeiro animal (um cordeiro) e faz roupas para eles, podemos considerar esse o "Cordeiro que foi morto *desde* a criação do mundo?" Ap 13:8. Vejo em Abel um novo ofício. Primeiro Deus manda Adão dar nome aos animais (organização), depois manda lavrar a terra (ocupação e mantimento) e então Abel começa a demonstrar cuidado, zelo e proteção para com animais dóceis, ingênuos e indefesos. Cuidar e amparar coisas que agradaram o coração de Deus. Muito tempo depois a figura do pastor se tornaria personagem central de seus decretos.

Nosso objetivo é chegar ao ponto em que Abel oferece ao Senhor a melhor de suas ovelhas como sacrifício. Deus se agradou de Abel e sua oferta, mas não de Caim e sua oferta. E por quê? O que tinha de tão especial em sua oferta em comparação com os nossos dias? Gn 4:4.

A resposta é simples. Mas a maioria dos pregadores não compreende. Então, me acompanhe.

Em primeiro lugar, existe o peso da oferta. O sangue, como disse Deus, não deveria ser derramado na terra, porém, Abel estava prestes a matar um animal. Ele cuidou daquela ovelha com carinho particular enquanto esperava para sacrificá-la. Ele nunca havia matado um animal antes; imagine a ansiedade que sentia ao se aproximar o dia de oferecê-la a Deus.

Em segundo, o Senhor poderia zangar-se por ele matar um animal, algo terrível poderia acontecer, era um risco, afinal, seus pais haviam sido expulsos do Jardim por desobedecerem a Deus. E mais adiante encontramos outro decreto: "A todo que derramar sangue, tanto homem como animal, pedirei contas; a cada um pedirei contas da vida do seu próximo" Gn 9:5.

Em terceiro, diz a palavra que ele trouxe das "primícias do rebanho", ou seja, o reconhecimento em primeiro lugar da grandeza do Senhor que devia ser adorado acima de tudo.

Por último, e talvez o mais importante, era uma oferta desinteressada de recompensa, que não almejava nada a não ser agradar a Deus. Não era para que Deus multiplicasse seu rebanho, ele não tinha interesse em ser o maior da família, nem obter uma posição de destaque. Nada disso. Aliás, é uma vergonha aqueles que acreditam que podem comprar o favor de Deus com suas ofertas, que são apenas sonhos de riqueza.

Jó é outro homem que nos ensina a ofertar, pois sacrificava a Deus pensando nos filhos, se estariam blasfemando contra Deus no coração deles; estava com isso pedindo perdão por eles.

Hoje, as ofertas em algumas igrejas são como "escambo", apenas uma troca, uma interpretação errada do texto que diz: "Dai e ser-vos-á dado". Acreditam que é um estímulo buscar mais dinheiro em Deus. O que o texto sugere é que Deus jamais se esquecerá do que você faz, do que oferta ou sacrifica, é certo que Ele recompensará. Mas daí a pensar que nossos projetos estão acima de Sua vontade já é demais. Outro texto diz: "Mais bem-aventurada coisa é dar do que receber". Então não devemos ficar de olho na recompensa, mas no privilégio que é servir ao Senhor com tudo que temos.

E Abel? Qual foi mesmo sua recompensa?

Ele teve seu rebanho aumentado? Não, ele morreu.

Há absurdos que ouço que até penso que alguns pregadores nunca leram a Bíblia. Certo dia, um deles, que se diz "louco por Jesus", mencionou que as mulheres de Abel e Caim haviam sido criadas como Eva; Deus os teria colocado em um sono profundo e formado suas esposas de suas costelas. Será que a Bíblia dele é diferente da nossa? Ele não sabe que Abel morreu sem deixar esposa ou filhos? Não sei por que alguém inventaria algo assim.

Abel subiu na vida e foi morar em uma casa melhor? Não, ele morreu. A oferta dele despertou ódio em Caim, seu irmão. Caim o matou. Então, qual foi seu grande benefício ao ofertar? Foi que Deus se agradou dele e de sua oferta, o seu nome entrou para a história, sendo mencionado em vários textos bíblicos. Agradar a Deus deve ser nossa motivação principal. Eu sempre digo onde congrego que, ao cultuar ao Senhor, cada cristão deve trazer sua oferta separada sem precisar ser convencido ou motivado por alguma palavra dita, sem a influência de ninguém.

Eu não preciso mostrar a ninguém o que estou ofertando: "O que sua mão direita faz, a esquerda não precisa saber" Mt 6:3. Ninguém deve exaltar sua oferta como maior do que a de outros. Deus é dono do ouro e da prata e ainda que você ofertasse milhões, isso não comoveria ao Senhor.

A oferta que se faz ao Senhor deve proceder do coração. E, mesmo assim, se há problemas entre você e outra pessoa, seja desavença ou pecado não perdoado, a instrução é: "Deixe sua oferta ali, diante do altar, e vá primeiro reconciliar-se com seu irmão; depois volte e apresente sua oferta." Mt 5:24. Parece que sem isso a oferta fica pela metade. E naquele tempo, além dos sacrifícios de animais, havia também a oferta em dinheiro.

Falta alguma coisa. Como Deus receberá algo pela metade? Será que não seria esse o pecado de Caim? Pois a palavra diz que suas obras eram más. Quem sabe já odiava seu irmão Abel porque cuidava de ovelhas em vez de ajudar na lavoura, da qual vinha o sustento? Não sei, são apenas conjecturas. Mas pode ter sido assim.

Por fim quero falar brevemente da oferta da viúva. Jesus disse: "Afirmo-lhes que esta viúva pobre colocou mais do que todos os outros" Lc 21:3. Ainda que pareça um grande incentivo para os que querem tudo, o texto na verdade é um alerta sobre como estavam sendo tratadas as pessoas que deveriam ser amparadas pela comunidade. Você certamente já leu textos que ordenam o cuidado com os menos favorecidos (Êx 22:22, Tg 1:27, Is 10:2, Dt 10:18, Is 1:23, Dt 27:19).

Então, uma viúva deveria ser tratada com todo o cuidado, sustentada e não abusada. É comum ver hoje em dia, na fila do banco ou qualquer outro lugar onde pagamos nossas contas, idosos (dentre os quais muitas viúvas), depositando dinheiro para algum programa de televisão, principalmente para os vendedores de lenços "ungidos", terra de Israel, óleo da cura etc. Talvez a viúva pobre ouvisse alguma promessa também. Um sistema religioso que achacava até as viúvas, imagine o que fazia com outras pessoas. Foi depois desse acontecimento que Jesus acelerou o caminho ao calvário. Estava tudo acabado. Não havia mais nada a fazer, além de dar sua vida pela humanidade. A oferta da viúva deve nos envergonhar e não estimular.

Um dia meu filho fez algo que me deixou triste. Então ele me perguntou o que poderia fazer para me alegrar novamente. Eu disse a ele: "Continue respirando, é suficiente para mim".
01/2015

Capítulo 4
O Espírito Santo e Suas
MANIFESTAÇÕES

"Não extingais o Espírito." 1 Ts 5:19

Escolhi esse texto porque percebo que há em nossos dias uma forte campanha na sociedade e até na igreja – em seu núcleo mais conservador e tradicional – combatendo toda e qualquer manifestação do Espírito Santo, o chamado cessacionismo. Ainda que uma ocorrência seja bíblica, dizem: "Isso foi para tal época apenas". Ou ainda: "A manifestação do Espírito Santo foi apenas uma alegoria". Também temos visto o outro extremo, em que tudo é válido, sem sabedoria nem discernimento para afirmar se é realmente o Espírito Santo que está presente.

Segundo o site Gnoticias.Gospel, um pastor de Garanku wa, na **África do Sul**, chamado Lesego Daniel, **líder do Rabboni Centre Ministries (Centro de Ministérios Rabboni)**, teria ordenado aos fiéis que comessem grama com a promessa de receberem a bênção de Deus. Geralmente essas promessas acompanham a garantia de prosperidade. Ao fazerem isso, os crentes declaram total desconhecimento das Escrituras – seja para quem ordena ou para aqueles que obedecem.

Quanto maior for o seu desconhecimento da Palavra de Deus, mais fácil serão enganados por falsas doutrinas.

Contudo, o texto de Ts 5:19 nos incentiva a manter acesa a chama do Espírito. Tomo emprestadas as palavras do Pr. Paul Washer em um de seus vídeos: "Eu prefiro receber uma manifestação genuína do Espírito Santo, mesmo que não saiba o nome, como, e se isso aconteceu no passado, do que saber tudo a respeito de uma manifestação Espiritual e não a receber".

Quero analisar com vocês alguns textos bíblicos para começarmos.

Em 2 Co 3:17 diz: "Onde há o Espírito de Deus, aí há liberdade". Ainda que a própria palavra diga que não devemos usar da liberdade para dar lugar à carne. Sei que é preciso esperar, amar e desejar o Espírito Santo, mas também, que não está em nós manipular a sua vontade. Em At 13:52 vemos que: "Os discípulos estavam cheios de alegria e do Espírito Santo". A alegria deve ser uma evidência? Sim, e creio que das maiores. Já pensou que o Espírito Santo veio trazer alegria a este mundo de trevas? Como alguém cheio do Espírito Santo não terá alegria em sua vida?

Falemos dos sinais que, tanto olhos como ouvidos, perceberam naquele dia de pentecostes em Atos 2:

> "Todos ouviram o som como de um vento veemente e impetuoso, que encheu toda a casa em que estavam assentados, e foram vistas sobre cada um deles, línguas repartidas, como que de fogo, pousando sobre todos, e foram cheios do Espírito Santo e começaram a falar em línguas, outras línguas, conforme o Espírito lhes concedia que falassem".

Isso é surpreendente. Olhe quantos sinais! Audíveis, visíveis, físicos. E mais interessante ainda é que os que estavam de fora, testemunhando, disseram: "Estão embriagados".

Você certamente sabe identificar uma pessoa embriagada, não sabe? Ela cambaleia, ou grita, ou sorri o tempo todo, ou perde a coordenação, fica tagarelando ou sonolenta, esquece tudo ou perde os reflexos etc. Lembra-se de Ana? 1 Sm 1:13,14. O profeta pensou que estivesse embriagada, pois os seus lábios se moviam, mas não se ouvia som algum de sua boca. Eu mesmo já passei por isso. Em momentos difíceis de minha vida, quando a oração era silenciosa, apenas gemidos e lágrimas; não conseguia falar nada. Sinceramente não sei o que os outros pensavam a meu respeito. Agora, é claro que existem (creio que sempre existiram) muitos excessos, algumas aberrações e muita carnalidade em nossos dias.

Tudo isso acontecendo debaixo da supervisão e complacência de líderes e pastores que deveriam servir de exemplo para o povo. Mas não são. Eu já vi coisas em meu tempo pastoral que escandalizariam muita gente. Danças, risos, contorcionismo, sonhos, visões, profecias – ou profetadas? –, revelações e arrebatamentos. Há irmãos que pulam e batem as mãos, os pés e até a cabeça. Há coisas que são visivelmente carnais, imitações baratas. Mas com toda certeza o Espírito Santo tem se manifestado em nossos dias com poder e grande glória, e é perfeito quando realmente é Ele que opera.

Note que tanto no caso de Ana como no Pentecostes, aqueles que presenciaram não entenderam o que estava acontecendo, como a própria palavra diz: "O homem natural não compreende as coisas do Espírito de Deus, pois lhe parecem loucura" 1 Cor 2:14,15. Você concorda que em nossos dias também há muitos sem compreender? Com certeza. O que a Escritura ensina é para os nossos dias também. Existem ao menos três tipos de manifestações na igreja e quero comentá-las com calma.

O primeiro tipo é carnal, imitação humana feita por aqueles que querem "ajudar" Deus. Esses desejam apenas fazer parte do grupo, serem reconhecidos, e ainda justificam: "Eu não posso ficar para trás. O que vão falar de mim? Existe até um site na internet (preciso citar) que ensina a falar em línguas no Espírito. A que ponto chegamos! Dá um google aí.

A Bíblia nos ensina a conhecer a árvore pelo seu fruto, então, como alguém que se diz cheio da presença do Espírito em nossas reuniões produz somente coisas ruins na vida? Palavrões, corrupção, mentira, sensualidade e outras coisas que não fazem parte da essência do Espírito, infelizmente são comuns entre cristãos. Esses precisam urgentemente é de conversão genuína, imediata e irreversível para Deus, em especial os que mantêm sua vida antiga em oculto, com objetos, desejos e lembranças. Assim como o povo de Israel, que mesmo tendo sido resgatado do Egito, lembrava constantemente dos hábitos na terra da escravidão, mesmo após 40 anos no deserto.

Também não creio que qualquer líder possa marcar um dia específico para revelações, não é competência dele. O que me lembra os líderes de Israel que diziam a Jesus: "Há seis dias para ser curado, mas não no sábado". Em nossos dias Deus não pode revelar nada na terça-feira, pois o dia de revelar é no domingo? E quanto ao marido que espanca a mulher e no outro dia está profetizando e falando 300 línguas diferentes? Preste atenção nos frutos. Eles são visíveis (l Co 2:13 e l Jo 4:1).

O segundo tipo é o que chamo de "As manifestações ocasionais e esporádicas do Espírito Santo para algo específico, e às vezes temporal". Foi o rei Davi que disse: "Não retires de mim o Teu Espírito Santo, nem me lances fora da Tua presença" Sl 51:11.

Entendo que o Espírito Santo de Deus pode fazer o que quiser, quando e por meio de quem quiser, e aquilo que escandalizaria alguém – o que não deveria – por parecer ridículo, se houve registro na Escritura que aconteceu, deve ser considerado como manifestação legítima do Espírito Santo.

Vejamos o episódio envolvendo o rei Saul em 1 Sm 10:6,10. Ele foi tomado pelo Espírito e profetizou, ainda que não fosse profeta de ofício. Revestido pelo Espírito apenas naquele momento, como Samuel havia predito, Saul estava no meio dos profetas aos quais Deus se manifestava poderosamente e por isso recebeu essa graça também. Depois disso a palavra relata que ele se tornou um outro homem.

Mais à frente, em 1 Sm 19:18-24, quando Davi se refugiou com o profeta Samuel em Ramá, Saul foi avisado. Imediatamente ele enviou para lá mensageiros, soldados na verdade, para que trouxessem Davi. Ele fez isso por três vezes, e em todas elas os mensageiros foram tomados pelo Espírito Santo, e todos profetizaram. Por fim o próprio rei foi até lá. Diz a palavra que, estando a caminho, ainda longe, ele foi tomado pelo Espírito novamente e foi profetizando até chegar onde os dois estavam. Não bastasse isso, quando lá chegou, tirou suas roupas e ficou todo o tempo – um dia e uma noite – nu, deitado diante de Samuel, profetizando. Você pode respirar um pouco e digerir isso?

Foi o Espírito Santo que se manifestou nele? Com toda certeza. É normal alguém que não é profeta profetizar? Não, mas pode acontecer. É comum um rei tirar suas roupas e ficar repleto do Espírito Santo diante de alguém? E ainda ficar um dia e uma noite profetizando sem parar? Não, não e não; é raro que aconteça. Mas aconteceu.

Isso deve se tornar padrão para nós nestes tempos difíceis? Creio que não, mas lembre-se, não devemos padronizar as ações do Espírito Santo. E mais, como classificar hoje o que é aceitável ou não? Somos melhores do que aqueles que vieram antes de nós? Com certeza, não. Temos de impor limites ou liberar geral? Temos de viver com equilíbrio.

Eu já presenciei muitas manifestações reais do Espírito Santo. Retiros e acampamentos nos quais passamos a noite toda tentando fazer as pessoas dormirem, mas era quase impossível. Em todo canto havia alguém que estava chorando, falando em línguas e tendo visões, alguns eram carregados ao alojamento, em êxtase, alguns dançavam e cantavam em outro idioma conhecido ou não e nem sabiam o que estavam falando. Depois alguém dizia: "Ei irmão, você estava cantando em uma língua que eu estudei". Ou alguém falava em línguas e outra pessoa interpretava sua fala. Havia harmonia e verdade.

Um obreiro que me auxiliou um tempo, chamado Adão, certo dia me disse não acreditar que as folhas das árvores caídas no chão acendessem como brasas brilhantes quando pessoas oravam, o que é muito comum no interior. Então, pedi a ele que fosse com outros irmãos na oração que faziam num bosque. No outro dia ele estava radiante e havia trazido para casa um punhado de folhas, e quando orava em sua casa elas tornavam a brilhar. Esse mesmo irmão já havia sido curado de um câncer. Mas você não tem que colocar expectativas como essa diante de Deus, é preciso não transformar isso em idolatria.

Em todos esses anos de ministrações presenciei crianças que foram cheias do Espírito, pequeninos falando em línguas e profetizando. Alguns cultos passaram do horário e por vezes vinha algum parente à igreja para saber o que havia acontecido com seus familiares. Ao chegar, os encontravam prostrados em oração. Difícil era para os obreiros, que tinham de ficar para fechar a igreja, aberta quase até o amanhecer.

Você se lembra do texto de Jl 2:29? "Derramarei o meu Espírito". O que pensa que é derramar? E outro que diz: "Caiu sobre mim o Espírito" Ez 11:5. "Caiu sobre todos" At 10:44. "O Espírito se apossou dele" Jz 14:6. "Se apoderou dele" 1 Sm 10:10. "Revestiu a Zacarias" 2 Cr 24:20. "O enchi do Espírito de Deus" Ex 31:3. "Veio sobre ele o Espírito de Deus" Nm 24:2.

São muitos textos que você pode ler com calma, aliás, faça isso em cada capítulo, como um estudo bíblico.

Vejamos dois relatos de manifestações do Espírito de Deus muito relevantes.

Um é sobre o profeta Eliseu em 2 Rs 3:15. Nesse dia, o profeta se ocupa de um músico no momento em que profetizava: "Trazei-me um tangedor". Há muita crítica a respeito das canções de adoração nas igrejas em geral e eu creio existirem muitos exageros mesmo. Há inclusive músicas que jamais deveriam entrar em nossos cultos. Alguns dizem haver hipnose ou transe de certas pessoas, igrejas que apagam as luzes no momento da oração. Alguns dizem até que a pessoa cheia do Espírito Santo jamais deixará de ter controle em seus movimentos etc. Mas veja, no caso de Eliseu, a melodia do músico parecia fazer parte do processo, algo que atraía a presença de Deus.

Nem sempre, porém, será necessária a música, mas, naquele dia, assim que o instrumento foi tocado, o profeta recebeu a Palavra pelo Espírito do Senhor. Usando esse exemplo creio que posso justificar momentos de íntima comunhão com Deus em cultos que participei, nos quais o louvor genuíno – seja com instrumentos ou à capela, qualificado ou não, feito com sinceridade ao Senhor e sem exibicionismo –, é aceito por Deus. São aqueles "ungidos" por Deus que não acham importante que o homem apareça, e sim o Senhor.

Isso sim atrai a Santa presença do Senhor criando um ambiente de adoração. E quando o Espírito de Deus se manifesta, seja em poucas ou muitas pessoas, qualquer coisa referente à natureza e aos atributos de Deus pode acontecer.

Um outro episódio que merece destaque está em Ez 8:1-11:25. Uma visão surpreendente que o profeta teve: "Estando eu assentado em minha casa, e os anciãos de Judá sentados diante de mim, a mão do Senhor veio sobre mim". E depois ainda diz: "E tomou-me pelos cabelos de minha cabeça, e o Espírito me levantou entre o céu e a terra, e me levou em visão até Jerusalém". Perceba que o profeta está com visitas em sua casa, entra em êxtase diante de seus convidados e somente no final do capítulo 11 ele volta da visão que estava tendo; e isso deve ter demorado consideravelmente: "E subiu de mim a visão que eu tinha visto" 11:24.

Concordo que não há outra revelação maior que a Bíblia Sagrada, porém, em qualquer tempo, Deus pode, pelo Espírito Santo, confirmar Sua vontade por visões e palavras de conhecimento, usando, para isso, os homens. Quando alguém está sendo visitado pelo Espírito de Deus, em visão ou profecia, ou mesmo um arrebatamento como o do apóstolo Paulo, o que você diz que seria aceitável? Você acredita que o apóstolo Paulo ou o profeta Ezequiel pudessem estar fingindo? Seria um demônio? Tinha de ficar parado na cadeira, cama ou sofá? Como você responde a isso?

O que dizer do livro de Revelação Ap 1:17? "Caí como morto a seus pés" Dn 10:17: "Não restou forças em mim". "Arrebatamento de sentidos" At 10:10. Ou: "Arrebatado para fora de mim" At 22:17. Está vendo? Como alguém que se encontra com a glória de Deus, recebendo visões e unção do Espírito numa dimensão como esta, pode manter o controle? É possível, portanto, que qualquer um, por mais controlado que seja, ao ser cheio do Espírito Santo pareça realmente embriagado, descontrolado ou fora de si. É possível.

Uma pergunta: "você conhece a multiforme graça do Senhor? Tudo o que é capaz de realizar segundo a Sua vontade"? Lembra o que Deus perguntou a Jó? Então, como pode classificar o que acha ser aceitável espiritualmente?

O salmista diz em Sl 77:3: "Lembrava-me de Deus e meu espírito desfalecia". Apenas por lembrar-se de Deus. Será que você já passou por isso?

Quero falar de outro aspecto das manifestações do Espírito Santo de Deus, o que chamo de "Direção Absoluta e Contínua do Espírito Santo".

O modo como entendo essa frase é diferente do que a maioria que estuda as Escrituras entende. Analisaremos alguns textos e alguns exemplos do que ocorre no meio cristão.

A direção contínua não é de modo algum aleatória e esporádica, nem rara, como aquele que profetizou apenas uma vez na vida. Alguns sentem a presença de Deus em um retiro ou quando passam maus momentos, por uma vez apenas e nunca mais. Direção contínua não é isso. O que digo é que muitos têm unção permanente na vida. Como o profeta Samuel que desde criança foi cheio do Espírito enquanto julgava Israel. E Elias? Algum dia ele tirou férias da unção que tinha? E Enoque, que toda uma vida andou com Deus até o Senhor o levar para Si? Ainda que para você o assunto seja utópico, para mim não é.

Em 2 Rs 2:9, Eliseu pede ao profeta Elias uma "Porção dobrada do Espírito e da Unção que havia nele", daí em diante, pode-se notar as ações do profeta Eliseu refletirem isso. Mesmo depois de sua morte, em 2 Rs 13:21, a influência do Espírito está em ação; quando um funeral é interrompido por causa da invasão moabita, e, ao jogarem o morto apressadamente no túmulo de Eliseu, o mesmo ressuscita imediatamente ao encostar nos ossos do profeta.

O profeta Elias é outro que nos serve de exemplo de unção do Espírito. Em 1 Rs 18:45,46 ele vira um corredor de maratona. Jacó luta com Deus: Os 12:3 e Gn 32:28. O rosto de Moisés brilha: Ex 34:30. O de Estevão parece o de um anjo: At 6:8,10,15 e 7:55,56,57. Em muitos textos da Bíblia lemos as palavras: "Guiados pelo Espírito, cheios do Espírito, por ordem do Espírito e movidos pelo Espírito". Então o que temos de entender é que uma pessoa pode e deve ser constantemente guiada e controlada pelo Espírito de Deus. Rm 8:14: "Porque todos os que são guiados pelo Espírito de Deus, esses são filhos de Deus".

O que realmente falta em nossos dias é sermos uma Igreja menos social e mais espiritual. Quando peço mais disciplina na oração, estou falando de dedicar mais tempo à oração.

Responda: Quanta sede você sente por Deus, de verdade? Quanto você ora por semana? Não digo diariamente, pois talvez isso o incomode.

Está vendo? Queremos Deus 24 horas por dia, mas o tempo que passamos em oração com Ele é muito pouco. Temos, como diz o Pr. Luiz Acunha, a síndrome da ovelha, pois tudo que fazemos é em benefício próprio e nossa oração será sempre: *"Ajuda-mééé, prospera-mééé, socorre-mééé"*.

Quando falamos que uma canção é para Deus, o que queremos dizer com isso? Alguns buscam destaque ou fazemos disso um *show*. Vejo cristãos querendo tratamento VIP em restaurantes, estacionamentos ou lojas, e ainda usam o jargão: "Eu mereço, pois sou filho de Deus". Isso não está em flagrante contradição com o que o Senhor Jesus ensinou? "Quem quiser ser o maior, esse deve servir".

Note a atitude do profeta Elias após matar os profetas de Baal e Aserá: ele pede ao rei Acabe que se prepare para voltar para casa, e então sobe ao monte para orar, aguardando uma pequena nuvem para comprovar a palavra que tinha dado ao rei, de que iria chover.

Creio que após Acabe ter visto o fogo do céu descer, Elias poderia ordenar qualquer coisa e o rei obedeceria, mas não, o profeta é humilde. Mesmo cansado, ora intensamente ao Senhor e depois que o rei sobe em sua carruagem, o profeta, correndo a pé, chega antes dele à cidade. Elias não subiu no carro do rei. Mas, e nós? Temos subido no carro das autoridades participando de seus manjares? Ou desejando o mesmo status? Quando o rei Belsazar viu que uma mão escrevia nas paredes do palácio, chamou então o profeta Daniel, o homem de Deus. Ele não fora convidado ao banquete do rei, e mesmo depois de interpretar a escrita na parede, não aceitou seus presentes. Estamos precisando de profetas assim, que possam, com a unção do Espírito, decifrar os enigmas da humanidade para dar uma palavra de Deus em situações difíceis.

Você acredita que o apóstolo Paulo era uma pessoa guiada pelo Espírito Santo de Deus? At: 16:6,7; E 13:4; At 20:22. Veja esses textos e responda.

O que pode apagar a chama do Espírito? Como pode um cristão experiente que há muitos anos serve a Deus, com seus dons e talentos, apagar a chama do Espírito e entristecê-lo? O texto de l Ts 5:19 diz: apagar, extinguir. Vejamos o exemplo do fogo. Ele não pode existir por si só.

Em uma matéria do portal do Corpo de Bombeiros do Rio de Janeiro, lemos:

COMBUSTÃO, FOGO E INCÊNDIO. Combustão: é um processo químico de oxidação, no qual o material combustível se combina com o oxigênio em condições favoráveis (calor), produzindo luz e calor.

FOGO: é uma forma de combustão, caracterizada por uma reação química que combina materiais combustíveis com o oxigênio do ar, com desprendimento de energia luminosa e energia térmica.

INCÊNDIO: é um acidente provocado pelo fogo, o qual, além de atingir temperaturas bastante elevadas, apresenta alta capacidade de se conduzir, fugindo ao controle do ser humano. Nessa situação se faz necessária a utilização de meios específicos à sua extinção.

TRIÂNGULO DO FOGO: de uma maneira simplificada, podemos associar o fogo à figura geométrica de um triângulo equilátero, cujos lados, de igual tamanho entre si, atribuem aos elementos que o compõem, igual importância à produção ou manutenção do fogo. Nesse caso, o fogo só existirá se os três elementos representados, combustível, comburente e calor, se combinarem em proporções adequadas. Combustível é toda matéria suscetível à combustão existente na natureza nos estados sólido, líquido e gasoso; de maneira geral todas as matérias são combustíveis a uma determinada temperatura, porém, para efeito prático, foi arbitrada a temperatura de 1.000ºC como um marco divisível entre os materiais considerados combustíveis (entram em combustão a temperaturas iguais ou inferiores a 1.000ºC) e os incombustíveis (entram em combustão a temperaturas superiores a 1.000ºC). Comburentes são todos os elementos químicos capazes de alimentar o processo de combustão, dentre os quais o oxigênio se destaca como o mais importante, por ser o comburente obtido de forma natural no ar atmosférico que respiramos, o qual é composto por 78% de nitrogênio, 21% de oxigênio e 1% de outros gases. Para que haja uma combustão completa é necessário que a porcentagem de oxigênio esteja na faixa de 13% a 21%. Caso essa faixa esteja entre 4% e 13% a combustão será incompleta, ou ainda, não se processará, em porcentagens inferiores a 4%. Calor é a condição favorável que provoca a interação entre os dois reagentes, sendo esse o elemento de maior importância no triângulo do fogo, uma vez que é responsável pelo início do processo de combustão, já que os dois outros reagentes, em condições naturais, encontram-se permanentemente associados.

TETRAEDRO DO FOGO: a função didática desse polígono de quatro faces é a de complementar o triângulo do fogo com outro elemento de suma importância, a reação em cadeia. A combustão é uma reação que se processa em cadeia, que, após a partida inicial, é mantida pelo calor produzido durante o processamento da reação. A cadeia de reações, formada durante a combustão, propicia a formação de produtos intermediários instáveis, principalmente radicais livres, prontos a se combinarem com outros elementos, dando origem a novos radicais, ou finalmente, a corpos estáveis. Consequentemente, teremos sempre a presença de radicais livres em uma combustão. A esses radicais livres cabe a responsabilidade de transferir a energia necessária à transformação da energia química em calorífica, decompondo as moléculas ainda intactas e, dessa vez, provocando a propagação do fogo numa verdadeira cadeia de reação[1].

Usei esse exemplo apenas para dizer que não há nada sem explicação, mesmo no mundo espiritual. Se você tem um grupo de pessoas orando e obedecendo a palavra de Deus, um ambiente humilde com pessoas fiéis e quebrantadas, propósito e bom testemunho, então há condições adequadas para a manifestação do Espírito Santo no meio da igreja.

Agora, se retirar qualquer uma dessas características, talvez não aconteça o que se espera.

Com o passar dos anos, quando não se busca mais a Deus com a mesma intensidade de antes, nem se pratica justiça, não há fidelidade a Deus, nem se mantém uma disciplina de oração, é possível, sim, apagar a chama. Como explicado pelos bombeiros, sem oxigênio não tem fogo, sem comburente (combustível) não há reação em cadeia, assim, o fogo acaba.

Digo sempre que há pessoas que nunca nasceram de novo e frequentam uma igreja mais como um ambiente social do que outra coisa. Dificilmente um pastor vai admitir isso. Pastores falam constantemente que na sua lavoura só tem trigo, embora a Bíblia diga que há muito joio na plantação.

Alguns menosprezam o mover do Espírito Santo: "Se eu orar um pouco, a chama acende de novo". Veja, não é apenas quem oferece, mas *o quê* se oferece a Deus. Outros ainda insistem: "O Senhor quer apenas meu coração". Então olhe

---

1 Portal do Corpo de Bombeiros do Rio de Janeiro. Semana de prevenção de incêndios, CBMERJ 1/1/2018. Disponível em: http://www.cbmerj.rj.gov.br/.

para o Antigo Testamento, depois vá para o Novo Testamento e verá que aquelas pessoas entregaram muito mais do que o coração – entregaram a própria vida. Muitos morreram sem ter visto o que esperavam e você ainda acredita que é só um estalar de dedos e "buhmmm", tudo acontece? Creio que não.

A questão é que muitos estão inclinados para a carne: Rm 8:6,7. E o que é essa inclinação? Você já pensou por que faz as coisas sempre de um jeito? De onde vêm certos comportamentos? Mesmo aqueles que estão há muito tempo na igreja ainda apresentam os sinais da velha natureza. Manias, palavras e gestos que não deveriam fazer parte da nova natureza de quem é nascido de novo.

No entanto, como mudar completamente se os líderes não ensinam hoje o que as Escrituras ordenam? O que prevalece é a valorização do "ego", a exaltação do ser humano em vez da glória de Deus. Prosperidade, autoajuda, assistencialismo e relativismo, cultos que mais parecem um *show* de talentos, reuniões que toleram demasiadamente o pecado de homens ricos e influentes, mas que não exortam nem confrontam ninguém.

Em Atos 8:18 lemos sobre o mágico que queria comprar o dom espiritual, queria impor as mãos sobre as pessoas para receberem o Espírito Santo. Essa atitude desagradou não apenas aos apóstolos, mas o próprio Espírito de Deus. Não me admiro, pois ainda há muitos tentando usar o Espírito Santo em seu benefício. Esse é um assunto que merece mais detalhes em outro estudo.

Apenas uma brisa suave é capaz
de avivar uma brasa triste,
quanto mais fazer brilhar a luz
do pavio moribundo e falaz.
6/12/2014

Capítulo 5
O JUÍZO COMEÇA PELA CASA DE DEUS

*"Ele convoca os altos céus e a terra para
o julgamento do seu povo."* Sl 50:4

Preciso perguntar uma coisa que qualquer um pode responder com sinceridade e em poucas palavras. Mas, primeiro, tenho de assentar bases sólidas para essa pergunta.

Deus tem um projeto no qual Ele é o eterno criador de todo o Universo. Deus está sempre criando, como o próprio senhor Jesus disse: "Meu Pai trabalha até agora" Jo 5:17. Ou seja: Deus era, é e sempre será; e tudo que faz é perfeito. Lembra de como Ele criou todas as coisas? Desde a fundação do mundo até o momento em que criou o ser humano e o colocou no Éden, tudo em perfeita harmonia?

Agora quero usá-lo como exemplo. Creio que você se parece comigo, pelo menos quando tenho que receber visitas em casa, ainda que seja um amigo. Eu me preocupo em como recebê-lo, minha esposa fica ainda mais ansiosa, pois queremos que os convidados se sintam bem em nossa casa, e se for alguém mais íntimo, as atenções redobram.

Você com certeza não acolheria uma pessoa qualquer em sua casa, mesmo sendo da vizinhança, creio que não. Porque todos possuímos um critério e somos seletivos em determinado nível.

Todos somos assim. E quando ouvimos sobre as coisas bonitas que o nosso Senhor preparou, e que Sua intenção é levar para Si aqueles que vão desfrutar dessas coisas, nos alegramos. Muitos irão conhecer o paraíso de Deus e as mansões celestiais, participar das bodas do "cordeiro que foi morto antes da fundação do mundo" Ap 13:8; esses receberão o galardão preparado para os salvos. Isso não é de tirar o fôlego?

Agora a pergunta:

Deus não será seletivo ao impedir que os que não O amam possam participar do que Ele preparou apenas aos que verdadeiramente O esperam e O amam de todo o coração? Ele não é seletivo?

As escrituras afirmam: "Olho nenhum viu, ouvido nenhum ouviu, mente nenhuma imaginou o que Deus preparou para aqueles que O amam" 1 Co 2:9.

Ou seja, se nós não recebemos qualquer pessoa em casa, como podemos achar que Deus levará qualquer um para Sua morada? Mesmo aqueles que não O amam? Ainda que fossem arrastados contra a própria vontade? Isso não vai acontecer.

Após essa introdução vou dizer o que creio ser o pensamento da maioria, ao menos dos que conhecem verdadeiramente a vontade do Senhor, que fazem parte da família de Deus, a igreja, aqueles que se preparam para viver com Ele.

Sabemos que a igreja primitiva cresceu em meio a grandes provações e que todos que decidirem viver com Cristo necessariamente serão provados e disciplinados. Como podemos ler: "Por amor de ti somos mortos todo dia; somos reputados como ovelhas para o matadouro." Sl 44:22 "Somos entregues à morte todo o dia...Como ovelhas para o matadouro." Rm 8:36. Assim como a nação de Israel constantemente sofria os juízos de Deus, nós começamos a ser julgados pelo próprio coração. Se o nosso coração não nos condena (julga), então, temos paz com Deus.

Como igreja, passaremos pelo julgamento do Criador, e antes que você diga que Deus deveria estar mais preocupado em julgar aos que não O amam, leia o que as Escrituras dizem: "Pois chegou a hora de começar o julgamento pela casa de Deus; e, se começa primeiro conosco, qual será o fim daqueles que não obedecem ao evangelho de Cristo?" 1 Pe 4:17.

Devemos entender que os juízos de Deus são sempre justos: Sl 19:9 (NTLH). Ou seja, são sempre nossas falhas e pecados que nos tornam culpados diante Dele, além disso, recebemos toda ajuda necessária para vivermos de acordo com Seus mandamentos e Sua vontade: a Sua palavra expressa nas sagradas Escrituras, o Espírito Santo consolando-nos a todo instante, nos ensinando e socorrendo, e mais, a vontade soberana do Criador que fez todas as coisas para seu bom funcionamento.

É como um vestibular ou outra prova de que você participa; você não sabe quais serão as perguntas, mas tem de estar preparado para responder qualquer uma. Em nossa vida, embora seja um pouco diferente, Deus pedirá conta das coisas que são de seu conhecimento, você não está sendo enganado pela palavra, pelo contrário, sabe o que deve fazer. Deus não esconde de nós Sua vontade, está tudo escrito na Bíblia. E esse é um grande obstáculo para muitos que desconhecem a palavra de Deus, a qual está disponível para quase todos os povos. E talvez os que mais amam a palavra sejam os que têm menos acesso a ela.

Considero sempre que existam muitas maneiras de entender os juízos de Deus. Muitos deles não se relacionam à perdição e sim a uma purificação ou depuração, como em 1 Co 11:32: "Quando, porém, somos julgados pelo Senhor, estamos sendo disciplinados para que não sejamos condenados com o mundo". Grave bem o "não sermos condenados com o mundo", porque se trata de um julgamento, uma disciplina às vezes dura, rigorosa, que trará certo desconforto e dor, uma humilhação quase insuportável, mas com benefício eterno.

É como a mulher que está para dar à luz. Ela sente fortes dores até o momento em que o bebê nasce; mas ela suporta tudo com altruísmo e galhardia, pois a alegria pela criança é maior do que a dor que sente. Assim parece o sofrimento pelos juízos provenientes de Deus, para não sermos condenados com o mundo.

Deus irá julgar a humanidade: "O Senhor julgará o seu povo" Hb 10:30, e "Quem é você para julgar o servo alheio?" Rm 14:4. Os dois textos nos mostram que não tem sentido nós, como humanos, julgarmos questões que não entendemos, não dominamos e sobre as quais sequer temos influência. Antes de julgar servos alheios, como o texto diz, devemos julgar a nós mesmos. O próprio senhor Jesus diz para tirarmos primeiro a trave que está em nossos olhos para só depois ajudar nosso irmão a tirar o cisco de seu olho.

Deus tem um cuidado especial com seu povo e por isso nos disciplina constantemente: "Repreendo e disciplino aqueles que eu amo" Ap 3:19. Esse é o julgamento de socorro e misericórdia: "Para que ele julgue com retidão e com justiça os teus que sofrem opressão" Sl 72:2. É claro que o Senhor faz isso constantemente, como na parábola em Lc 18:1-7 que fala sobre a viúva e o juiz iníquo, e sobre o dever de orar sempre, pois Deus fará sempre justiça para salvar os seus. Outro texto diz: "Quando tu, ó Deus, Te levantaste para julgar, para salvar todos os oprimidos da terra" Sl 76:9. "[...] O Senhor julgará seu povo e terá compaixão dos seus servos." Dt 32:36. Mais uma vez o julgamento é cercado de compaixão por seu povo.

O rei Davi entendia o julgamento compassivo de Deus. Certa vez ele disse que preferiria cair nas mãos de Deus do que na mão de seus inimigos, pois conhecia a compaixão e misericórdia de Deus (1 Cr 21:13).

Deus também usa sua igreja para julgar: "Pois como haveria eu de julgar os de fora da igreja? Não devem vocês julgar os que estão dentro?" 1 Co 5:12. "Vocês não sabem que os santos hão de julgar o mundo? Se vocês hão de julgar o mundo, acaso não são capazes de julgar as causas de menor importância?" 1 Co 6:2. Temos aqui um tipo de disciplina que a igreja pode e deve aplicar aos seus membros que não correspondem ao chamado e a comunhão entre si. Escândalos e pecados que não são para morte, como diz o apóstolo, devem ser tratados com plena compaixão, visto que não há quem não peque, talvez tenhamos pessoas assim em nosso meio. A igreja não é um lugar de execuções, e não deve ser um espetáculo para ninguém a exortação e disciplina de ninguém, ainda mais que a mensagem central das escrituras é de "boas novas", na qual deve-se prezar o ensino e a comunhão.

Então quem irá ser salvo? Vamos analisar alguns textos que falam sobre como Deus, que é seletivo, separa aqueles que pertencem a Ele. Creio que em Ezequiel encontramos base para isso: "Percorra a cidade de Jerusalém e ponha um sinal na testa daqueles que suspiram e gemem por causa de todas as práticas repugnantes que são feitas nela". Enquanto eu escutava, ele disse aos outros: "Sigam-no por toda a cidade e matem, sem piedade ou compaixão, velhos, rapazes e moças, mulheres e crianças. Mas não toquem em ninguém que tenha o sinal. Comecem no meu santuário". Então eles começaram com as autoridades que estavam em frente do templo (Ez 9:4-6).

Creio que os marcados foram selecionados por Deus justamente por "suspirarem e gemerem" diante dos pecados que o povo cometia. Eram pessoas indignadas com a maldade que operava em Israel e Judá, que se entristeciam diariamente ao ver a injustiça. Deus irá começar o julgamento pelos de Sua casa, você suspira e geme pelos pecados à sua volta? Quem sabe como Ló, que todos os dias aflige a sua alma por ver os pecados de Sodoma e Gomorra?

Parece que em nossos dias as pessoas não reprovam mais o pecado, pelo contrário, chamam de outra coisa: roubar é desviar, adultério é fraqueza e mentira é circunstância, e por aí vai. Nossas igrejas se parecem muito com o sacerdote e o levita que não socorreram o homem que havia sido assaltado e agredido ao descer para Jericó, pois, quando temos a oportunidade de agir como filhos do reino, dizemos: "Não é comigo, não tenho nada a ver com isso".

As pessoas estão dormindo o sono profundo de Jonas; mesmo com o barco à deriva, elas dormem tranquilamente no porão. Cada um ajunta apenas para si.

O fato é que Deus nunca desistirá de salvar o seu povo. O Senhor Jesus disse, acerca de Jerusalém: "Quantas vezes eu desejei reunir os seus filhos, mas vocês não quiseram." Mt 23:37. Veja, nunca deixou de existir uma chance tanto para Israel quanto para a Igreja. Deus sempre demonstrou vontade e ofereceu Sua mão. Mesmo estando irado com seu povo, ainda assim nos diz: "Venham, voltemos para o Senhor. Ele nos despedaçou, mas nos trará cura; ele nos feriu, mas sarará nossas feridas" Os 6:1.

Outro exemplo da nação de Israel mostra o quanto eles não se arrependiam, mesmo famintos ou feridos ainda continuavam com o coração duro:

"Fui Eu mesmo quem deu a vocês estômagos vazios em cada cidade e falta de alimentos em todo lugar, e ainda assim não se voltaram para Mim, também fui Eu que retive a chuva quando ainda faltavam três meses para a colheita. Mandei chuva a uma cidade, mas não a outra. Uma plantação teve chuva; outra não teve e secou. Gente de duas ou três cidades ia cambaleando de uma cidade a outra em busca de água, sem matar a sede, e ainda assim não se voltaram para Mim. Muitas vezes castiguei os seus jardins e as suas vinhas, castiguei-os com pragas e ferrugem.

Gafanhotos devoraram as suas figueiras e as suas oliveiras, e ainda assim não se voltaram para Mim. Enviei pragas contra vocês como fiz com o Egito. Matei os seus jovens à espada, deixei que capturassem os seus cavalos. Enchi os seus narizes com o mau cheiro dos mortos em seus acampamentos, e ainda assim não se voltaram para Mim. Destruí algumas de suas cidades, como destruí Sodoma e Gomorra. Ficaram como um tição tirado do fogo, e ainda assim vocês não se voltaram para Mim', declara o Senhor." Am 4:6-11.

A conclusão que cheguei, não só a respeito de Israel, mas a nosso respeito também, é que nem o sofrimento – seja pelos juízos de Deus ou pelos caminhos tortuosos dos homens – traz a certeza de que alguém se voltará para Deus ou se converterá a Cristo.

Não serve aqui a frase que diz: "Quem não vem pelo amor vem pela dor". Outro exemplo é Ap 2:21: "Dei-lhe tempo para que se arrependesse da sua imoralidade sexual, mas ela não quer se arrepender". Ou seja, nem o tempo nem a dor são capazes de atrair alguém que não quer se aproximar de Deus.

No mesmo livro de Revelação, ao qual chamamos Apocalipse, há uma sequência de eventos catastróficos que fariam qualquer um se arrepender. Mas não é o que ocorre: "O restante da humanidade que não morreu por essas pragas, nem assim se arrependeu das obras das suas mãos; eles não pararam de adorar os demônios e os ídolos de ouro, prata, bronze, pedra e madeira, ídolos que não podem ver, nem ouvir, nem andar. Também não se arrependeram dos seus assassinatos, das suas feitiçarias, da sua imoralidade sexual e dos seus roubos" Ap 9:20-21. E também:

"Estes foram queimados pelo forte calor e amaldiçoaram o nome de Deus, que tem domínio sobre estas pragas; contudo se recusaram a se arrepender e a glorificá-lo. O quinto anjo derramou a sua taça sobre o trono da besta, cujo reino ficou em trevas. De tanta agonia, os homens mordiam a própria língua, e blasfemavam contra o Deus do céu, por causa das suas dores e das suas feridas; contudo, recusaram-se a arrepender-se das obras que haviam praticado" Ap 16:9-11.

Por tudo isso tenho a convicção de que alguns sofrimentos servem somente para exteriorizar o que as pessoas são de verdade.

No outro extremo, vejo que mesmo a prosperidade e os livramentos de Deus, Sua bondade e misericórdia que são demonstradas todo dia, também não garantem a ninguém a cidadania no Reino de Deus. O Salmo 107 nos mostra os ciclos de livramento de Deus em socorrer seu povo, o que não resultava em obediência, pois eles voltavam a pecar e se afastavam do Senhor.

No livro de Juízes também há um padrão entre o cair da nação e o levantar de Deus: "Mais uma vez os israelitas fizeram o que o Senhor reprova, e por isso o Senhor deu a Eglom, rei de Moabe, poder sobre Israel" Jz 3:12. Isso se repete por todo o livro. O povo fazia o que era mau perante o Senhor, depois eles clamavam e Ele os livrava; todavia, voltavam a cometer os mesmos erros de antes.

E por que faziam isso? Porque a inclinação do coração do homem é para o mal desde o princípio. Como registrado em Gênesis: "O Senhor viu que a perversidade do homem tinha aumentado na terra e que toda a inclinação dos pensamentos de seu coração era sempre e somente para o mal" Gn 6:5. E também: "Pois o seu coração é inteiramente inclinado para o mal desde a infância" Gn 8:21.

Em um vídeo muito visto na internet, Paul Washer diz: "A maior verdade das Escrituras é que Deus é bom, sem dúvida, mas nós, que somos Sua imagem e semelhança, somos maus". Como você explica a alguém que uma pessoa que comete tantos erros pode ser considerada filho de Deus? Como alguém que diz ser cheio do Espírito Santo pode viver como qualquer pessoa não salva? Ele está certo, pois é essa a realidade em nosso meio, digo, na igreja: um povo que se parece cada vez mais com o mundo, e não com Cristo.

Por isso é que Deus realmente irá começar o juízo por sua casa. Infelizmente a fraqueza espiritual de muitos crentes os impedem de enxergar isso. Muitos alegam que Deus não permitirá nenhum sofrimento em sua vida, já que ele faz parte da igreja, se acha no direito de usufruir do título de filho de Deus, apenas porque um dia fez a profissão de fé ou porque é "queridinho" de Deus.

A essas pessoas eu mostro o que está escrito no profeta Jeremias, a respeito de Baruch:

"Assim diz o Senhor, o Deus de Israel, a você, Baruch: Você disse, 'Ai de mim! O Senhor acrescentou tristeza ao meu sofrimento. Estou exausto de tanto gemer, e não encontro descanso'. Mas o Senhor manda-me dizer-lhe: 'Assim diz o Senhor: Destruirei o que edifiquei e arrancarei o que plantei em toda esta terra. E então você deveria buscar coisas especiais para você?'" Jr 45:2-5.

Enquanto Baruch se preocupava com o sofrimento que poderia enfrentar e sua própria tristeza, o Senhor lhe revelava: "Escute aqui rapazinho, vou trazer a destruição sobre a cidade que amo, onde está meu templo que vai ser queimado totalmente. Meu povo vai para o cativeiro e meu nome vai ser blasfemado pelas nações, estou sofrendo por isso e você preocupado com sua vidinha achando que é mais especial do que os outros? Você não é mais especial que ninguém. Seja homem e pare de choramingar". Eu teria dito assim.

Há uma conhecida frase entre nós: "Fulano está olhando apenas para o seu próprio umbigo". Eu ainda penso muito no que isso significa, e creio sinceramente ser o retrato atual.

Para encerrar quero lembrá-lo que ninguém será salvo por engano, assim como ninguém será condenado por um equívoco de Deus. Os salvos serão salvos pela graça, a fé em Cristo Jesus, permanecendo fiéis até o fim. Ao contrário daqueles que, tendo tudo, ou apenas sofrimento, nem assim obedecem e amam ao Senhor, os salvos têm esperança no texto que diz:

"Pois estou convencido de que nem morte nem vida, nem anjos nem demônios, nem o presente nem o futuro, nem quaisquer poderes, nem altura nem profundidade, nem qualquer outra coisa na criação será capaz de nos separar do amor de Deus que está em Cristo Jesus, nosso Senhor" Rm 8:38-39.

Pare de dar desculpas por seus fracassos. Tome uma atitude! Aplique disciplina pessoal a você mesmo. Não apenas frequente a igreja, mas seja a Igreja de Cristo na terra; só aí desfrutará da verdadeira comunhão com o Salvador.

Diga, que tipo de jejum você realiza (se é que realiza)? Quanto tempo passa em oração? E quanto na frente da TV ou internet?

E a Bíblia? Já leu ela toda ou acha muito complicada? E se eu disser a você que alguns já leram a Bíblia inteira umas 200 vezes, como George Muller, outros 90 vezes, 40, 32. Eu mesmo estou na 16ª leitura, bem menos que minha esposa, que já passou de 40. Sei que é pouco, mas vou continuar. Além disso, tenho lido em média 80 livros ao ano.

O que você faz no reino em favor do próximo à sua volta? Ou seu ministério é o da reclamação? O seu amor é só de palavras ou você tem um amor que pode ser visto?

Não se engane, o texto que diz que "a fé sem obras é morta" ainda vale para nossos dias.

Que o Senhor lhe dê mais tempo para rever seus conceitos e reavaliar sua vida, talvez haja esperança para você.

Comece com a oração. Não vou falar agora sobre esse tema, ele virá mais adiante. Mas, por enquanto, eu diria que é o primeiro passo a ser dado. Há muitas coisas que já aprendi sobre oração, estratégias como as que estão no livro de Larry Lea, intitulado *Nem uma hora?*. Uma agenda de oração com nomes de muitas pessoas as quais precisam de nossa intercessão. Ouvir testemunhos de pessoas que receberam bênçãos por meio da oração também ajuda. Mas sabe o que realmente funciona? É o seguinte: comece a orar em qualquer lugar. Na empresa, na escola ou em casa, viajando ou a passeio. Se preocupe com a oração, não se envergonhe de orar em público, e se estiver orando por um longo período não deixe de orar para atender o telefone ou a porta. Como é que você pode deixar de falar com o Rei dos reis para falar com mortais? Simplesmente ore.

"A viúva chega em casa feliz. Porque depois de meses o juiz lhe atendeu. Ela parecia não acreditar, mas todos na cidade falavam: A mulher que convenceu o juiz."
12/2014

Capítulo 6
Tarde para se arrepender

"Esaú pediu ao pai:
'Meu pai, o senhor tem apenas uma bênção?
Abençoe-me também, meu pai!'
Então chorou Esaú em alta voz." GN 27:38

Vivemos num tempo determinado por Deus, quer o homem admita ou não, Deus tem a direção de tudo, e tudo acontece para Sua glória. Todas as coisas acontecem exatamente por uma causa determinada, aquilo que para nós é surpresa, azar ou coincidência, não é para Deus. Ele administra o Universo inteiro pela palavra de Seu poder. Confira:

"Para tudo há uma ocasião, e um tempo para cada propósito debaixo do céu; tempo de nascer e tempo de morrer, tempo de plantar e tempo de arrancar o que se plantou, tempo de matar e tempo de curar, tempo de derrubar e tempo de construir, tempo de chorar e tempo de rir, tempo de prantear e tempo de dançar, tempo de espalhar pedras e tempo de ajuntá-las, tempo de abraçar e tempo de se conter, tempo de procurar e tempo de desistir, tempo de guardar e tempo de lançar fora, tempo de rasgar e tempo de costurar, tempo de calar e tempo de falar, tempo de amar e tempo de odiar, tempo de lutar e tempo de viver em paz." Ec 3:18

Analisando o texto anterior, podemos deduzir que o "ato" de se arrepender deve acontecer no contexto do tempo determinado, último, limítrofe, o tempo de arrepender-se, por isso a vida do ser humano deve ser vivida em toda sua plenitude.

Ao olharmos para Matusalém, que viveu 969 anos segundo Gn 5:27, deduzimos que teve tempo para fazer muitas coisas, conhecer lugares, pessoas, viajar e saborear alimentos incríveis, além de respirar o ar puro que nós tanto gostaríamos de ter respirado; foram quase mil anos. Porém, em Gn 6:3 uma mudança significativa acontece: "Então disse o Senhor: 'Por causa da perversidade do homem, meu Espírito não contenderá com ele para sempre; e ele só viverá 120 anos'".

Ainda que haja margem para outras interpretações, a mudança é muito radical, não acha? São 849 anos a menos, assim, de imediato, o tempo diminuiu para todo mundo, o que significa menos tempo para toda atividade humana na terra. Se Matusalém teve tempo de sobra, em Gn 3:6, depois dele, os homens tiveram uma vida bem mais curta. Na sequência, encontramos uma definição ainda mais terrível nos Salmos; ali a expectativa mais severa, para quem comparava com tempos mais antigos, assombrava: "Os anos de nossa vida chegam a setenta, ou a oitenta para os que têm mais vigor; entretanto, são anos difíceis e cheios de sofrimento, pois a vida passa depressa, e nós voamos." Sl 90:10.

Creio que se o salmista vivesse entre nós, veria como tem-se cumprido sua palavra, principalmente nessa geração incrédula de nosso século. Nem bem começamos o ano e pronto, já acabou, o tempo está literalmente voando hoje em dia, e é comum alguém dizer que não teve tempo de fazer isso ou aquilo. Na escola ou no trabalho, na igreja ou até em família, a desculpa que mais usamos é: "Não tive tempo".

Por que estou usando a figura do tempo aqui? Para que você entenda que há um limite para tudo na vida (inclusive para o cristão). Naturalmente, algumas coisas jamais acontecerão novamente, já passaram. Portanto, não podemos nos atrasar com questões fundamentais, principalmente aquelas relacionadas à eternidade, como o arrepender-se.

Em outra oportunidade, quero mostrar como nossa vida é realmente curta. Por enquanto, vou dar-lhe apenas uma ideia.

Já se perguntou quanto tempo uma pessoa passa dormindo na vida? Essa não é difícil. A conta é simples: se alguém dorme oito horas por dia, em média, vivendo até os 80 anos, o tempo que passará dormindo será de 1/3, ou seja, praticamente vinte e sete anos dormindo.

Vamos mais longe. Se fizermos a conta do tempo que uma pessoa passa estudando, viajando e comendo, mais o entretenimento e o lazer, além de coisas desnecessárias – acredite, as pessoas fazem coisas sem nenhuma utilidade, como diz o pregador, isso é "Correr atrás do vento" –, a conclusão é que essa pessoa desperdiça muito tempo na Terra.

Depois dessa introdução sobre o tempo e seus limites, analisemos o caso de Esaú. Em primeiro lugar, ele despreza seu direito à primogenitura:

"Respondeu-lhe Jacó: 'Venda-me primeiro o seu direito de filho mais velho'. Disse Esaú: 'Estou quase morrendo. De que me vale esse direito?' Jacó, porém, insistiu: 'Jure primeiro'. Então ele fez um juramento, vendendo o seu direito de filho mais velho a Jacó. Então Jacó serviu a Esaú pão com ensopado de lentilhas. Ele comeu e bebeu, levantou-se e se foi. Assim Esaú desprezou o seu direito de filho mais velho." Gn 25:31-34.

Tenho certeza de que o propósito de Deus se cumpriria, de uma forma ou de outra. O episódio do guisado foi uma das peças do quebra-cabeça, realizando Sua vontade, sem dúvida. Mas como mostrarei, Esaú buscou mais tarde arrepender-se, porém não encontrou aceitação.

O próximo texto para análise está em Hebreus e faz ainda referência a outras pessoas que, por vontade própria, se excluem da graça de Deus como fez Esaú. Observe:

> "Cuidem que ninguém se exclua da graça de Deus. Que nenhuma raiz de amargura brote e cause perturbação, contaminando a muitos. Não haja nenhum imoral ou profano, como Esaú, que por uma única refeição vendeu os seus direitos de herança como filho mais velho. Como vocês sabem, posteriormente, quando quis herdar a bênção, foi rejeitado; e não teve como alterar a sua decisão, embora buscasse a bênção com lágrimas" Hb 12:15-17.

Havia uma frase que eu ouvia muito quando criança: "Quem não pede, não ganha, quem chora apanha". É o que digo, as lágrimas nem sempre são a esperança de que você receberá o esperado, pois até o choro, fora de tempo, é inútil. Assim foi com Esaú, chorou amargamente imaginando que seu Pai reverteria a bênção que já havia dado a seu irmão Jacó, mas nada mais poderia ser feito. Pelo que vemos, aliás, até para chorar existe o tempo certo: "Tempo de chorar e tempo de rir, tempo de prantear e tempo de dançar" Ec 3:4.

Em nossa vida não é assim também? Quantas vezes a oportunidade passa diante de nossos olhos e não aproveitamos, principalmente em questões de sentimentos e relacionamentos. E mesmo quando poderíamos desfrutar de comunhão plena, não temos a coragem de reconhecer nossos erros nos arrependendo. Não nos humilhamos nem voltamos atrás no tempo certo, mas queremos que os outros se aproximem, se humilhem, quando na verdade somos nós que deveríamos ser humilhados.

O rei Davi nos dá um grande exemplo de arrependimento sincero. Mas não foi o grande rei de Israel que cometeu vários pecados de uma só vez? Sim, no entanto:

"Por que você desprezou a palavra do Senhor, fazendo o que Ele reprova? Você matou Urias, o hitita, com a espada dos amonitas e ficou com a mulher dele. Por isso, a espada nunca se afastará de sua família, pois você me desprezou e tomou a mulher de Urias, o hitita, para ser sua mulher. [...] Assim diz o Senhor: 'De sua própria família trarei desgraça sobre você. Tomarei as suas mulheres diante dos seus próprios olhos e as darei a outro; e ele se deitará com elas em plena luz do dia. Você fez isso às escondidas, mas eu o farei diante de todo o Israel, em plena luz do dia'. Então Davi disse a Natã: 'Pequei contra o Senhor!' E Natã respondeu: 'O Senhor perdoou o seu pecado. Você não morrerá. Entretanto, uma vez que você insultou o Senhor, o menino morrerá'" 2 Sm 12:9-14.

As palavras do profeta Natã cumpriram-se literalmente na vida de Davi. Absalão, seu filho, deitou-se com suas concubinas em plena luz do dia, em uma tenda armada no terraço do palácio, segundo 2 Sm 15:22. Embora Natã tenha dito a Davi que Deus havia perdoado seu pecado – e que ele não morreria por isso – também disse que o que ele havia feito insultara a Deus, e por essa razão a criança nascida do adultério deveria morrer. Sem dúvida uma notícia que abalou o rei.

Davi conhecia bem a palavra dos profetas, ela se cumpriria, com certeza; tinha consciência de seus erros, mas ainda assim, implorou a Deus pela vida do menino recém-nascido, jejuando e chorando:

"Depois que Natã foi para casa, o Senhor fez adoecer o filho que a mulher de Urias dera a Davi. E Davi implorou a Deus em favor da criança. Ele jejuou e, entrando em casa, passou a noite no chão. Os oficiais do palácio tentaram fazê-lo levantar-se do chão, mas ele não quis e recusou-se a comer. Sete dias depois, a criança morreu." 2 Sm 12:15-18.

Não perca o foco, estamos falando sobre arrependimento, precisamos discernir qual o tempo certo para isso, especialmente em nossos dias.

Voltando a Davi, depois de passados muitos meses de seu adultério e da morte de Urias, Bateseba, a viúva, já morava com Davi, e deu à luz um filho. É nesse momento que Deus envia o profeta Natã para repreender o rei, justamente depois do nascimento da criança. Após a morte da criança – depois de o rei jejuar e orar por sete dias – seus servos estranharam a atitude do rei, pois enquanto o menino estava uma semana na ânsia da morte, o rei buscou intensamente a presença de Deus, mas depois de morta a criança, Davi voltou a sua normalidade:

> "Então perguntaram: Por que ages assim? Enquanto a criança estava viva, jejuaste e choraste; mas agora que a criança está morta, te levantas e comes! Ele respondeu: 'Enquanto a criança ainda estava viva, jejuei e chorei. Eu pensava: 'Quem sabe? Talvez o Senhor tenha misericórdia de mim e deixe a criança viver. Mas agora que ela morreu, por que deveria jejuar? Poderia eu trazê-la de volta à vida? Eu irei até ela, mas ela não voltará para mim'" 2 Sm 12:21-23.

Percebe que as lágrimas, a oração, o jejum e a agonia não salvaram a criança da morte? Davi apelou para a misericórdia do Senhor crendo que isso mudaria a predição do profeta, mas de nada adiantou, mais um arrependimento tardio.

Em alguns casos, porém – graças a Deus – o choro e o arrependimento encontram lugar, o que é fundamentado nas Escrituras. Veja o caso do rei Ezequias, por exemplo, que foi avisado pelo profeta Isaías que iria morrer:

> "Naqueles dias Ezequias ficou doente, à beira da morte. O profeta Isaías, filho de Amós, foi visitá-lo e lhe disse: 'Assim diz o Senhor:

'Ponha a tua casa em ordem, porque você vai morrer; você não se recuperará'." Is 38:1.

Os verdadeiros profetas não se enganam e nem se intimidam, podem até mudar a versão – orientados pelo Senhor – mas ainda que tenham de enfrentar reis e seus exércitos, permanecerão firmes em sua posição.

O rei Ezequias fez exatamente o mesmo que Davi, chorou e se humilhou diante de Deus, não esperou um ou dois dias, mas foi, imediatamente após a saída do profeta, invocar o Senhor em prantos pedindo que se lembrasse de sua conduta: "Lembra-te, Senhor, de como tenho servido a Ti com fidelidade e com devoção sincera, e tenho feito o que Tu aprovas". E Ezequias chorou amargamente (Is 38:3).

Entretanto, nem todos podemos fazer uma oração como esta, não é? Podemos falar em servir a Deus com fidelidade e devoção sincera? Está vendo a diferença? É como ir ao banco e tentar sacar dinheiro estando com a conta zerada. Se não fez nenhum depósito como pensa em fazer uma retirada? Ezequias tinha o que falar para Deus, e o mais admirável nisso é a forma como Deus responde aos seus filhos, principalmente aqueles que falam a verdade. Ezequias demonstrou em lágrimas o que estava em seu coração e a resposta veio rapidamente.

O profeta nem havia saído do pátio do palácio quando Deus o manda voltar ao rei. Antes de Isaías deixar o pátio intermediário, a palavra do Senhor veio a ele dizendo: "Volte e diga a Ezequias, líder do meu povo: 'Assim diz o Senhor, Deus de Davi, seu predecessor: – Ouvi sua oração e vi suas lágrimas; eu o curarei. Daqui a três dias você subirá ao templo do Senhor. Acrescentarei 15 anos à sua vida. E livrarei você e esta cidade das mãos do rei da Assíria'". Deus perdoou Davi de tal maneira, que muito depois do que ele fizera a Urias,

Deus continua a chamá-lo de servo: "Defenderei esta cidade por causa de mim mesmo e do meu servo Davi" 2 Rs 20:4-6.

O arrependimento na hora certa, e da maneira certa, move o coração do Senhor. Ezequias não apenas sobreviveu à doença, mas soube ainda que teria exatos 15 anos a mais de vida. Isso é incrível, até o sol retrocedeu como garantia de que a palavra do profeta se cumpriria:

"Então o profeta Isaías clamou ao Senhor, e este fez a sombra recuar os dez degraus que havia descido na escadaria de Acaz" 2 Reis 20:11.

Diariamente atendo muitos que, infelizmente, deixaram passar a oportunidade de resolver questões familiares ou no ministério, e depois choraram amargamente. Em muitos casos não há mais nada a fazer. Existe uma palavra para definir isso, ela é grande, na verdade mais parece um palavrão, mas é útil para a compreensão do tema: Procrastinação.

A palavra vem do latim *procrastinatus*: pro (à frente) e crastinus (de amanhã). A primeira aparição conhecida do termo foi no livro *Chronicle (The union of the two noble and illustre families of Lancestre and Yorke)* de Edward Hall, publicado antes de 1548. Logo, um procrastinador é um indivíduo que evita tarefas ou uma tarefa em particular. Procrastinação é o diferimento ou adiamento de uma ação. Para a pessoa que costuma procrastinar, isso resulta em estresse e sensação de culpa, perda de produtividade e vergonha em relação aos outros, por não cumprir com suas responsabilidades e compromissos. Embora a procrastinação seja considerada normal, torna-se um problema quando impede o funcionamento normal das ações. A procrastinação crônica pode ser um sinal de problemas psicológicos ou fisiológicos.

Jacó, por exemplo, entendia do assunto. Ao saber que seu irmão Esaú vinha ao seu encontro, mandou a família em grupos – mulheres, filhos e servos –, todos à sua frente, e ficou para trás, à espera do seu irmão. Creio que ele estava procrastinando, o que não adiantou nada, já que teve um encontro com o Senhor e precisou lutar com Ele.

Quando muitos cristãos procrastinam, deixando de resolver assuntos importantes em sua vida, é natural que alguma coisa não dê certo; eles passam do tempo, como um bolo mal assado, ou queima ou não assa direito. Tudo tem de ser no tempo certo. Jesus, analisando o comportamento dos fariseus, os criticou por se acharem tão espertos: "Hipócritas! Vocês sabem interpretar o aspecto da terra e do céu. Como não sabem interpretar o tempo presente?" Lc 12:56.

Creio que sua repreensão a nós seria ainda mais severa hoje.

Quando uma pessoa me pergunta o que acho dela, se terá um futuro brilhante, que esperança deve ter para o amanhã, minha resposta se baseia no seu estilo de vida e no seu histórico.

Por exemplo, toda ação de um adúltero, seja ambiental ou comportamental, é a característica do que permeia sua vida; se ele traiu duas ou três vezes, é provável que faça de novo, ainda que sua esposa diga: "Agora vai dar certo, pastor, ele mudou". Se percebo pelas informações a respeito de seu comportamento que o filme vai se repetir, então não dou falsas esperanças, pois qualquer arrependimento deve ser visível. Transformação não é apenas uma palavra.

Um que pediu misericórdia no tempo certo foi o ladrão crucificado ao lado do Senhor Jesus. Ouça o que Lucas registrou:

> "Nós estamos sendo punidos com justiça, porque estamos recebendo o que os nossos atos merecem. Mas este homem não cometeu nenhum mal. Então ele disse: 'Jesus, lembra-te de mim quando entrares no teu Reino'. Jesus lhe respondeu: 'Eu lhe garanto: Hoje você estará comigo no paraíso.'" Lc 23:41-43.

A primeira coisa que fez foi reconhecer os seus erros: "Estamos sendo punidos com justiça", depois reconheceu quem era Jesus, o justo que não fez mal algum, e que apenas alguém com tamanha justiça poderia salvar outros. Se isso não for um modelo, então não sei o que mais poderia ser.

Há um trecho de uma canção que gosto muito, que diz: "Meu amigo, hoje tu tens a escolha, vida ou morte qual vais aceitar. Amanhã pode ser muito tarde, hoje Cristo te quer libertar".

Entender o tempo é muito importante, disso depende nossa eterna salvação em Cristo.

No livro de Revelação (Apocalipse), veremos que para uma igreja da Ásia, à qual João escrevia, havia uma advertência sobre aproveitar o tempo dado por Deus: "Dei-lhe tempo para que se arrependesse da sua imoralidade sexual, mas ela não quer se arrepender" Ap 2:21.

Todos esses anos em que ensino a palavra, obtive uma certeza: Deus não tem prazer algum na morte de qualquer descrente, daqueles que não O amam nem O conhecem. O Senhor estende sua misericórdia todos os dias dando oportunidade para que, ao se arrependerem, desfrutem a plena comunhão com o Senhor. Nos Salmos, quando o autor fica insatisfeito com a prosperidade e longevidade dos ímpios, encontramos a longanimidade do Senhor, justamente pelo fato de dar tempo para que se convertam.

Qualquer um pode arrepender-se e voltar atrás, como veremos em dois outros textos:

"De fato, depois de desviar-me, eu me arrependi; depois que entendi, bati no meu peito. Estou envergonhado e humilhado porque trago sobre mim a desgraça da minha juventude." Jr 31:19. "O que acham? Havia um homem que tinha dois filhos. Chegando ao primeiro, disse: 'Filho, vá trabalhar hoje na vinha'. E este respondeu: 'Não quero!' Mas depois mudou de ideia e foi." Mt 21:28-29.

Claramente, quando há arrependimento há remissão e aceitação em Deus. Todos nós devemos nos arrepender no tempo certo, não dá para ser amanhã, se procrastinarmos sobre isso, teremos contas para acertar. Só temos esta vida para viver e nos arrepender, muitos não aproveitarão este tempo, e então virá o juízo.

Como citei antes, o arrependimento deve vir acompanhado de sinais visíveis, como João Batista disse:

"Deem frutos que mostrem o arrependimento. E não comecem a dizer a si mesmos: Abraão é nosso pai. Pois eu lhes digo que destas pedras Deus pode fazer surgir filhos a Abraão." Lc 3:8.

João diz que é preciso "produzir frutos" dignos de arrependimento, uma mudança que a comunidade precisa ver. Já em Coríntios, há uma tristeza que também produz arrependimento, o que está faltando nos dias de hoje:

"A tristeza segundo Deus produz um arrependimento que leva à salvação e não remorso, mas a tristeza segundo o mundo produz morte. Vejam o que esta tristeza segundo Deus produziu em vocês: que dedicação, que desculpas, que indignação, que temor, que saudade, que preocupação, que desejo de ver a justiça feita! Em tudo vocês se mostraram inocentes a esse respeito." 2 Co 7:9,10.

Hoje em dia, as pessoas aceitam o apelo do pregador, vem à frente sorrindo, não há lágrimas nos olhos do recém-convertido, não vemos tristeza pelo pecado, e se for celebridade então, é recebida com tapete vermelho. Mas o apóstolo Paulo faz distinção entre a tristeza do mundo e a que é segundo Deus.

É comum vermos pessoas se dizendo convertidas, salvas e restauradas, participantes da igreja, mas que em todo tempo de conversão não demonstram tristeza alguma por seus pecados. Em alguns lugares, quando alguém vem a Cristo, é feita uma cerimônia pomposa com risos e abraços, mas nenhuma lágrima. O que aconteceu com o verdadeiro choro de arrependimento que havia no passado?

O arrependimento hoje em dia mais se parece com o de uma criança, que ao descobrir que não ganhará o presente que quer no aniversário, ou outra data importante, chora e se desespera, joga-se ao chão para chamar a atenção dos pais, e só para quando recebe o presente. Não é um choro amargo de arrependimento, é uma troca.

Por isso o profeta Malaquias registra o desgosto de Deus até mesmo com as lágrimas do seu povo:

"Enchem de lágrimas o altar do Senhor; choram e gemem porque Ele já não dá atenção às suas ofertas nem as aceita com prazer." Ml 2:13.

Deus também não atentou para a oferta de Caim.

Já viu como os crentes choram a Deus por uma vida financeira melhor? Isso não O agrada, com certeza. Enquanto a igreja não entender que todo arrependimento deve produzir frutos visíveis, mudanças reais e eternas, o sentimento do Senhor será o mesmo para com essa geração. Se os pais não demonstram arrependimento, os filhos serão obstinados, irreligiosos e irreconciliáveis. Pais são sempre modelos, nunca se esqueça disso.

O vocabulário muda porque o coração mudou, se alguém continua a falar palavras pesadas, baixas e torpes, provavelmente não teve o coração transformado pelo Senhor. O grande problema é que os homens jogam a responsabilidade sobre o Senhor Jesus: "Ele já nos salvou, então, não temos que ser tão santos assim", dizem. Mas as Escrituras afirmam que todos nós temos de ter atitudes que não são transferíveis a ninguém.

Um verdadeiro cristão não apenas muda, mas quer o mesmo para todos à sua volta, ainda que sua vida seja observada por vizinhos, parentes e amigos, tanto dos que querem sua derrota como dos que torcem pela sua afirmação como servo de Deus. Permita que todos vejam a mudança em você, pois:

"E, também, ninguém acende uma candeia e a coloca debaixo de uma vasilha. Pelo contrário, coloca-a no lugar apropriado, e assim ilumina a todos os que estão na casa." Mt 5:15.

Seja um cristão genuíno.

Já ouvi diversas vezes alguém dizer: "Olha, pastor, no meu trabalho eu sou um crente disfarçado, um agente dos céus num corpo humano". Geralmente não incentivo a ideia, mas comento o seguinte: "Irmão(a), o único a usar um disfarce na Bíblia é Satã", veja o que diz a palavra: "Isto não é de admirar, pois o próprio Satanás se disfarça de anjo de luz" 2 Co 11:14.

Ou seja, o verdadeiro cristão não necessita de disfarces, mas vive de forma clara, transparente e objctiva, sua palavra deve ser sim ou não, e seu caráter precisa demonstrar em público o mesmo teor que tem em casa ou no trabalho, pois, se queremos ser como Cristo, devemos andar como Ele andou.

Encerro o capítulo lembrando um fato curioso em minha vida. Quando estudava o colegial na década de 1980, tive amigos com os quais convivi alguns anos, e nunca imaginei que ao terminar os estudos, mais à frente, seria chamado por Cristo. Certo dia, encontrei alguns desses amigos na igreja, pensei que haviam se convertido também, mas, para minha surpresa, eles já eram da igreja desde o tempo de escola, e nunca me falaram nada, creio que ninguém na escola sabia disso. Será que eles estavam disfarçados?

Lembre-se, atores choram para comover o público, mas apenas Deus reconhece um verdadeiro arrependimento. Hoje é o dia de arrepender-se, essa é a hora, renda-se a Ele.

De lágrimas choravam os olhos,
Como fonte secando no deserto.
De amargura e tristeza, é certo,
Seus pedidos, suas falas, seus rogos.
23/4/2014

Capítulo 7
Como cordeiro entre lobos

"Ide; eis que vos mando como cordeiros ao meio de lobos." Lc 10:3

Enquanto terminava o colegial, eu me sentia desprezado, diminuído diante dos outros, embora não contasse a ninguém sobre isso. Esses sentimentos ocorriam sempre que eu estava no meio de muita gente; eu me achava abaixo dos padrões da época e, por isso, com o passar do tempo, me aproximei de pessoas ruins e de má fama, os chamados "fortões" da vila.

Em pouco tempo, já ganhara até um apelido: pica-pau. Constantemente me envolvia em situações erradas e perigosas, e logo começaram a me tratar com mais respeito. Houve até um dia em que armei uma briga dentro de um bar, eu e mais oito menores de idade contra outros três. Eu não era propriamente uma ovelha, mas todos eles pareciam lobos enfurecidos. Ainda me lembro disso com tristeza, porém, serve de ilustração para o tema.

A comissão de Lc 10:3, a princípio, não parece uma missão de resgate ou socialização do tipo: "Todos têm de conviver em harmonia, é proibido brigar e todos têm que sorrir". Não, mais parece uma missão suicida, morte na certa. Você sabe, ovelhas e lobos, predadores e presas, bandidos e mocinhos. Algo do gênero.

Tem uma analogia que faço a respeito de lutadores de UFC – uma das lutas de vale-tudo mais sem sentido que existem –, em que um lutador franzino, aparentemente fracote, mas com uma técnica apurada, pode derrotar um grandalhão que é lento demais. Ali as aparências enganam.

Nas Escrituras a coisa não funciona bem assim. A ovelha será sempre a presa do lobo. Tomando isso como exemplo, vamos analisar a conduta de certos cristãos que claramente não refletem as características de uma ovelha.

> Antes, porém, vale salientar a posição de Jesus como ovelha: "Ele foi oprimido e afligido, contudo, não abriu a sua boca; como um cordeiro foi levado para o matadouro, e como uma ovelha que diante de seus tosquiadores fica calada, ele não abriu a sua boca" Is 53:7.

Como o maior representante das ovelhas, o cordeiro que foi morto antes da fundação do mundo sabe qual é sua posição e também a nossa. Lobos não fazem parte do rebanho de Cristo, apenas ovelhas. O lobo é do mundo, faz parte do sistema corrompido, articulador de todas as tentações oferecidas para enlaçar os fiéis. Opressão e consumismo são suas armas principais, é um mestre da mentira que pode até vestir-se de ovelha, mas, efetivamente, é um lobo: "Cuidado com os falsos profetas. Eles vêm a vocês vestidos de peles de ovelhas, mas por dentro são lobos devoradores" Mt 7:15.

O que mais me preocupa nessa geração é que há muita gente seduzida por falsas esperanças, como as mensagens de otimismo e promessas utópicas dizendo que o mundo inteiro será rico, que Deus perdoa tudo, que você não tem de suportar as coisas de que não gosta. Tudo isso, no entanto, está longe do contexto bíblico.

O que um falso profeta quer? O próprio texto explica: "devorar". Paulo já sabia disso quando deixou registrado em Atos: "Sei que, depois da minha partida, lobos ferozes penetrarão no meio de vocês e não pouparão o rebanho." At 20:29. Se você pensa em transformar um lobo, convertê-lo e deixá-lo bonzinho, esqueça, não vai acontecer. A natureza do lobo é sempre a mesma e ele não poupará o rebanho. Na primeira oportunidade, ele o abaterá, e você vai virar refeição.

Ovelhas geram ovelhas, convivem com ovelhas e cheiram a ovelhas.

Falsos profetas, segundo Paul Washer, em um vídeo de *Voltemos ao Evangelho*, são na verdade um juízo de Deus sobre aqueles que gostam de ouvir o que o falso profeta prega: "enquanto houver ouvidos para ouvir, haverá pregadores para pregar". Por isso é que existem também falsas conversões; já que a mensagem veio de um falso pregador, os convertidos não podem ser verdadeiros: árvore má dá maus frutos – são os que creem que Deus pode dar uma melhorada naquilo que você é. Estão errados, pois nada de bom há em nós, antes, devemos nos submeter totalmente e sermos transformados inteiramente por Cristo.

Falsos profetas fazem com que a missão dos verdadeiros servos de Deus desmorone, introduzindo o conceito de que "a previdência do homem é melhor que a providência de Deus".

Vamos definir os objetivos da missão: "Não levem bolsa nem saco de viagem nem sandálias; e não saúdem ninguém pelo caminho" Lc 10:4. "Não levem nada pelo caminho: nem bordão nem saco de viagem, nem pão e nem dinheiro, nem túnica extra" Lc 9:3. "Não levem ouro nem prata, e nem cobre em seus cintos" Mt 10:9.

Quando foi que essa geração foi seduzida pelo brilho do ouro e da prata? Embora saiba não ser um privilégio apenas dessa geração, pois, em todas as épocas, as gerações têm se prostrado perante o luxo, o ócio e o conforto. Nada é tão novo.

Quando um israelita quis guardar um pouco do maná, pensando que ele não desceria no outro dia, o que ocorreu?

"'Ninguém deve guardar nada para a manhã seguinte', ordenou-lhes Moisés. Todavia, alguns deles não deram atenção a Moisés e guardaram um pouco até a manhã seguinte, mas aquilo criou bicho e começou a cheirar mal. Por isso Moisés irou-se contra eles" Êx 16:19-20.

Não confiar na providência do Senhor é o mesmo que não confiar Nele de modo algum.

A desconfiança na provisão de Deus é que faz com que haja essa corrida maluca pela prosperidade. Assim como ocorreu com o maná – que não deveria ser guardado, não por criar bichos, mas sim pelo fato de que o Senhor o mandaria no dia seguinte –, era para confiar.

O mesmo vale para todas as outras coisas.

A missão não diz respeito a mim, mas ao Senhor. Então, como alguns têm feito do evangelho uma fonte de lucro? Acumulam mais e mais: "Ai de vocês que adquirem casas e mais casas, propriedades e mais propriedades até não haver mais lugar para ninguém e vocês se tornarem os senhores absolutos da terra" Is 5:8. O que você entende por não levar pão, bordão (cajado), alforje, sandálias de sobra, prata ou ouro? Como uma ovelha que é um animal lento e débil vai caminhar com a rapidez que o evangelho exige, com tanta bagagem?

Deixe-me ser mais específico: "Aquele que foi chamado a pregar e viver da fé não pode, e não deve, fazer isso pela recompensa monetária". Simplesmente não combina com o perfil dos discípulos do Senhor, como disse, o evangelho começa por perder (deixar) coisas e não as acumular. Se o Senhor lhe permitir a posse de bens, nem por isso deixará de servi-Lo, de usar Seus recursos da maneira mais honesta possível.

Por isso, desconfie quando alguém levar outro a Cristo apenas porque está desempregado ou não consegue pagar as contas. Devemos vir a Cristo por sermos pecadores que não têm como obter a salvação. A não ser por Ele. Nossas necessidades serão supridas, Ele prometeu.

Eu me decepciono ao encontrar pais preocupados com o que deixarão de herança aos filhos, todavia, não deixarão nenhum legado espiritual, nenhum ensinamento bíblico, isso sim é um problema. Desafio você a encontrar nos registros bíblicos, ou na história, qualquer riqueza ou bens que os discípulos, apóstolos ou profetas, tenham deixado para a família.

Pelo contrário, sabemos que seus bens eram espoliados por aqueles que os prendiam e matavam. Em muitos casos, eles mesmos largavam tudo para trás confiando na promessa de Deus de entrarem em seu repouso. O que digo parece estar à beira de uma apologia à pobreza, mas não está. É apenas minha maneira de dizer que nossa esperança, se é que existe, não pode se escorar em nossas conquistas pessoais.

A verdadeira humildade, segundo John Piper, do ministério DesiringGod, se mostra quando eu tenho direito sobre algo, mas por amor a Cristo eu rejeito e desprezo esse direito, pois creio naquele que é "galardoador dos que O buscam": "Sem fé é impossível agradar a Deus, pois quem Dele se aproxima precisa crer que Ele existe e que recompensa aqueles que O buscam" Hb 11:6.

Não é absurdo ter uma TV a cabo com 200 canais (embora, você assista apenas a uns oito ou dez), carros que ultrapassam 280 km (sendo que a pista é no máximo para 120 km), ser sócio de vários clubes (sem ter tempo para frequentá-los), comprar roupas da moda apenas para aparecer bem em fotos e festas. Entretenimento, lazer, lazer e mais lazer.

Mais triste é o pastor e pregador dizer que não tem tempo para visitar o rebanho pois está ocupado, cheio de atividades que não fazem parte do chamado.

Devemos ouvir a pergunta de Jesus novamente: "O que vocês foram ver no deserto? Um caniço agitado pelo vento?

Ou, o que foram ver? Um homem vestido de roupas finas? Ora, os que usam roupas finas estão nos palácios reais. Afinal, o que foram ver? Um profeta? Sim, eu lhes digo, e ainda mais que profeta." Mt 11:7-9. Hoje em dia, creio que existam mais profetas nos palácios do que nas igrejas.

Ser cristão é a moda. Eles gostam de estar entre celebridades, serem aplaudidos, receber presentes e homenagens, uma rede com milhões de seguidores, não se importam em dividir o palco com um bruxo ou corrupto qualquer. O que importa é ser famoso. Que triste.

Há urgência em anunciar a palavra, mas a genuína palavra de Deus; não dá para gastar tempo em outras coisas, por isso o texto continua dizendo: "Não saudeis ninguém pelo caminho" Lc 10:4. Bem, você sabe como eram as saudações nos tempos antigos? Ao encontrar alguém pelo caminho, fosse ou não conhecido, o hábito era descer da montaria, se prostrar até o chão, beijar a pessoa e perguntar da família, cidade ou reino, e em alguns casos, era usual a troca de presentes. Mesmo hoje, em lugares remotos do planeta, ainda é assim.

Mas se há urgência na transmissão da palavra, como podemos gastar tempo com aquilo que é passageiro? Foi o que o profeta Eliseu disse a seu servo quando o enviou para curar o filho da sunamita: "Então Eliseu disse a Geazi: 'Ponha a capa por dentro do cinto, pegue o meu cajado e corra. Se você encontrar alguém não o cumprimente e, se alguém o cumprimentar não responda'." 2 Rs 4:29. Não gaste tempo com outras coisas. Gaste na presença do Senhor.

Um dia, perguntei a um de meus alunos de teologia: "Quando foi que o apóstolo Paulo tirou férias"? Até hoje estou esperando a resposta. Sabe por que digo isso? Porque esses homens se gastaram para Deus, enquanto alguns de nós não suportam sequer duas horas de culto.

Faz trinta anos que vivo pela fé, eu e minha família. Todos os lugares em que já moramos, os veículos, a faculdade dos filhos, as roupas e tudo que precisamos, o Senhor nos tem dado. Somos dependentes do Pai em tudo. Não é fácil, mas é gratificante.

O caráter da missão é glorificar o Senhor Jesus, seja vivendo ou morrendo. Podemos ter uma vida cômoda, sem atropelos e tribulações, ou cheios de temor e aventuras espirituais que nos farão queimar por Cristo. Nem sempre vamos conseguir mudar aquilo que está errado, talvez tenhamos de imitar a Ló que "vivendo entre eles, todos os dias aquele justo se atormentava em sua alma justa por causa das maldades que via e ouvia" 2 Pe 2:8.

Parece que não há muita gente se sentindo afligida ou atormentada por causa das maldades dos outros, vistas em plena luz do dia. O que mais ouço é: "Deixa para lá, não temos nada a ver com isso".

A única certeza que temos é que iremos morrer algum dia, seja quando for; porém, ao vivermos intensamente o evangelho, passamos a sentir a morte todos os dias, porque não vivemos mais para esse mundo. "Contudo, por amor de Ti, enfrentamos a morte todos os dias; somos considerados como ovelhas para o matadouro." Sl 44:22 e Rm 8:36. E mais: "Pois nós, que estamos vivos, somos sempre entregues à morte por amor a Jesus, para que a Sua vida também se manifeste em nosso corpo mortal". 2 Co 4:11.

É por amor, se não for por amor, nem se arrisque a pregar.

Quando alguém serve a Deus intensamente, sofrerá perseguição, com certeza, ainda que comece pelos da família: "Vocês serão traídos até por pais, irmãos, parentes e amigos, eles entregarão alguns de vocês à morte." Lc 21:16. Ou seja, os riscos são grandes para os que se entregam de verdade. Infelizmente muitos querem apenas facilidades e essa história de morrer por Cristo não atrai muita gente, nem é um bom convite missionário, ainda mais se alguém diz que minha família pode se voltar contra mim após a conversão.

Amar a Jesus mais do que a família, mais do que a própria vida, como diz em Apocalipse, um versículo tremendo: "Eles o venceram pelo sangue do Cordeiro e pela palavra do testemunho que deram; diante da morte não amaram a própria vida". Ap 12:11. O salmista, assim como o apóstolo Paulo, citados a pouco, sabiam disso: somos ovelhas cujo destino é o matadouro e ninguém fugirá disso. Somos ovelhas entre lobos. O que fazer? Brigar com lobos? Sair espancando o vento, irritado, irado e estressado? Lutar contra lobos é derrota na certa, perder antes mesmo de começar.

O cheiro da ovelha dá água na boca do lobo, sua carne é macia. Lembre-se, ele não é seu amigo, não gosta de você. Pare de flertar com o lobo, com o mundo, acorde do sono que faz você um alvo fácil. Como Carter Conlon diz: "Corra pela tua vida".

O cheiro da ovelha sacrificada também era um aroma agradável a Deus; quando o sacrifício era oferecido, no tabernáculo ou no templo antigamente, Deus inalava a fumaça que subia do sacrifício, e o aceitava com agrado, como se vê em Nm 15:7,10,13, em Lv 2:9,12, e Êx 29:18.

Mas, e nós, qual será nosso cheiro para Deus? Já que somos o sacrifício vivo, segundo o que está escrito: "Portanto, irmãos, rogo-lhes pelas misericórdias de Deus que se ofereçam em sacrifício vivo, santo e agradável a Deus; este é o culto racional de vocês" Rm 12:1. Somos sacrifício vivo e devemos cheirar agradavelmente ao Senhor com testemunhos de vida e boas obras.

O cristão que não sabe disso é porque ainda não se humilhou para poder enxergar o que está diante dele.

Paulo nos ensina a viver o dia de hoje como se Cristo voltasse amanhã, para assim jamais perdermos a esperança na vida eterna: "Se é somente para esta vida que temos esperança em Cristo, dentre todos os homens somos os mais dignos de compaixão" 1 Co 15:19.

Encerro o capítulo com dois comentários.

O primeiro, feito por A.W. Tozer em conversa com Leonard Ravenhill, em um texto extraído de uma mensagem do ministério Defesa do Evangelho. Tozer dizia:

"Sabe, Len, quando alguém via um homem subindo a rua carregando uma cruz, todos sabiam: ele não voltaria nunca mais". Não é o que estamos vendo, muitos deixam sua cruz em qualquer lugar, livram-se dela com a mesma rapidez que a aceitaram, fogem das dificuldades, querem vida fácil, são irreconciliáveis e rebeldes que frequentam as denominações procurando algo que se adapte ao seu estilo de vida. Provam por suas ações que nunca amaram a Deus de verdade. Para esses não haverá desculpas no julgamento.

O segundo foi uma mensagem que ouvi do Pastor Luiz Hermínio, do ministério Mevam:

"Se você ainda tem ressentimentos, fica irado facilmente e reage com amargura às provocações, só tem uma explicação: você está vivo, esse é o problema. Deus quer você morto. Quando você morre para o mundo e o mundo para você, não há espaço para esse tipo de comportamento. Enquanto não morrer inteiramente para estas coisas, elas vão influenciar sua vida".

Deus nos chamou para a vida eterna, e ela já começou, aqui mesmo. Cabe a nós voluntariamente aceitá-la e viver para Ele somente, rejeitando as coisas desse mundo, assim como Moisés fez:

"Pela fé Moisés, já adulto, recusou ser chamado filho da filha do faraó, preferindo ser maltratado com o povo de Deus a desfrutar os prazeres do pecado durante algum tempo. Por amor de Cristo, considerou a desonra riqueza maior do que os tesouros do Egito, porque contemplava a sua recompensa" Hb 11:24-26.

Sabe, Moisés não entrou com o povo de Israel na terra prometida, mas no dia da transfiguração de Jesus, quando Pedro, Tiago e João estavam com Cristo no monte, quem apareceu? Isso mesmo, Moisés estava lá. Por isso vale a pena esperar no Senhor.

Não deixe de falar a verdade, mesmo causando dor. Para os que escondem a verdade, haverá maior rigor no juízo: "Portanto, a ira de Deus é revelada do céu contra toda impiedade e injustiça dos homens que suprimem a verdade pela injustiça" Rm 1:18. E assim ouviremos as palavras mais doces que alguém pode ouvir: "Venham, benditos de meu Pai! Recebam como herança o Reino que lhes foi preparado desde a criação do mundo". Mt 25:34. Tome cuidado, se você anda muito com lobos, provavelmente não é realmente uma ovelha.

Quando os dias forem bons, aproveite-os bem. Mas, quando forem ruins, considere: Deus fez tanto um quanto o outro, para evitar que o homem descubra qualquer coisa sobre o seu futuro.
Eclesiastes 7:14 NVI.

17/10/2013

Capítulo 8
NENHUMA SEGURANÇA EM MIM

"Pois nós é que somos a circuncisão, nós que adoramos pelo Espírito de Deus, que nos gloriamos em Cristo Jesus e não temos confiança alguma na carne". Filipenses 3:3

Era o último dia do retiro de carnaval em 2014. Fiquei com a mensagem final sobre o namoro – ainda que a Bíblia não ressalte nenhum, ao menos não com o perfil do namoro de hoje. Em dado momento, quando falava sobre relacionamento entre pais e filhos, sua cumplicidade, disse que me responsabilizava pela minha filha em todos os sentidos, que era seu protetor. Lembro de salientar "proteção" muitas vezes, tipo: "Eu protejo, eu protejo, eu protcjo".

Geralmente, quando chega o final do acampamento os jovens querem brincar, gastar as últimas energias como se nunca mais fosse haver outro retiro. Então, nesse dia, fizeram a brincadeira do "escorrega no sabão", sobre uma lona, e a última a escorregar foi minha filha – a filha do pastor.

Além do sabão na lona, estava chovendo, e quando a Isabelle escorregou foi empurrada por outro jovem que descia e saiu fora da lona, batendo as costas em um vaso de cimento. No mesmo instante ela começou a gritar de dor, tinha batido o último osso da coluna. A dor era insuportável e eu não pude fazer nada, não consegui protegê-la.

O retiro havia encerrado e todos ficaram aturdidos com o acidente. Com dificuldade, coloquei minha filha no carro e saímos em direção à cidade.

Havia um trânsito intenso, por isso, ouvindo o conselho de um amigo que voltava conosco, desviei antes da estrada principal, cortando caminho. Era uma entrada de caminhões coletores de resíduos, o para-brisa do nosso carro embaçou e eu pensei que poderia frear mais tarde, mas, de repente, mais um grito. "Pai, cuidado, pai…" Houve um acidente. A batida foi no lado do passageiro, onde ela estava. Com o susto ela chorava ainda mais, mesmo o carro não tendo sido afetado por dentro. Passamos ela para outro carro e eu fiquei com os irmãos por quase duas horas aguardando a polícia vir para registrar o boletim do acidente. Não consegui protegê-la. De novo.

Ao chegar em casa, antes de entregar o jejum feito o dia todo, fui ao quarto dela e pedi perdão por não ter sido um pai atencioso e protetor como devia.

Minha surpresa foi ainda maior ao saber que, no mesmo local do nosso acidente, horas mais tarde, ocorreu um outro que, infelizmente, vitimou duas pessoas, inclusive uma jovem como a minha filha, que participava no louvor de sua igreja. Uma jovem cheia de vida.

Neste capítulo você verá como é bom crer que Deus está no controle absoluto de tudo.

Vivendo no meio de uma geração iludida, cada vez mais apegada às coisas materiais, ao prazer e à luxúria, ninguém quer ficar para trás, o que importa é levar vantagem em tudo. Paulo diz:

"Portanto, se vocês têm questões relativas às coisas desta vida, designem para juízes os que são da igreja, mesmo que sejam os menos importantes. Digo isso para envergonhá-los. Acaso não há entre vocês alguém suficientemente sábio para julgar uma causa entre irmãos? Mas, ao invés disso, um irmão vai ao tribunal contra outro irmão, e isso diante de descrentes! O fato de haver litígios entre vocês já significa uma completa derrota. Por que não preferem sofrer a injustiça? Por que não preferem sofrer o prejuízo (o dano)?" 1 Co 6:4-7.

Sofrer o dano nem passa pela cabeça do cristão, ele diz crer em Deus, mas não entrega a direção total de sua vida nas mãos Dele.

Para falar de segurança e proteção, usarei o texto de Atos 27, o qual denomino "uma viagem complicada".

"Ficou decidido que navegaríamos para a Itália." Paulo e mais 276 pessoas estavam aos cuidados de um centurião chamado Júlio, o responsável pela viagem. Ainda que Paulo fosse influente, naquele momento ele não conduzia, mas era conduzido. Junto a ele estava Aristarco (At 27:2), da Macedônia, especificamente de Tessalônica, com certeza estava Lucas, o médico amado e autor do livro de Atos. Aristarco foi prisioneiro junto com o apóstolo, segundo Cl 4:10, em outra ocasião.

O centurião foi simpático a Paulo desde o início. Já no segundo dia, quando aportaram em Sidom (hoje a terceira maior cidade do Líbano, situada na costa do Mediterrâneo, cerca de 40 km ao norte de Tiro e 48 km da capital Beirute). Júlio fez o seguinte: "Num gesto de bondade para com Paulo, permitiu-lhe que fosse ao encontro dos seus amigos, para que estes suprissem as suas necessidades". At 27:3.

Os amigos aqui são irmãos em Cristo, judeus e gentios convertidos. Jesus já havia estado por lá, segundo Mc 7:24. Os privilégios de Paulo – se é que podemos chamar assim – diferem do tratamento dado aos presos de hoje, os que gozam dos favores da corrupção e da política. No caso do apóstolo, parece mais com um certo respeito por ele ser cidadão romano e por ser religioso.

É interessante saber que os que são fiéis a Deus, mesmo presos, podem ter o respeito e receber um tratamento diferenciado das autoridades. Como José, no Egito, que por seu bom comportamento passou a cuidar da prisão e dos demais presos.

> "Quando de lá partimos, passamos ao norte de Chipre, porque os ventos nos eram contrários". At 27:4. Veja que a passagem ao norte de Chipre foi apenas por causa dos ventos que são impetuosos nessa região, até hoje. Embora isso já fosse um mau presságio, Paulo sabia que o que ouvira do Senhor se cumpriria. Jesus lhe disse: "Coragem! Assim como você testemunhou a meu respeito em Jerusalém, deverá testemunhar também em Roma". At 23:11.

Sempre digo que quem confia no Senhor não teme qualquer contrariedade, mesmo parecendo difícil. Deus lhe disse que pregaria em Roma, então creio que mesmo que fosse num pedaço da madeira do navio, ele chegaria lá.

Ao chegarem em Mirra, na Lícia, mudaram de embarcação: "O centurião encontrou um navio alexandrino que estava de partida para a Itália e nos fez embarcar nele". At 27:6. A baldeação para outro navio não mudaria o comando, Júlio ainda era (aparentemente) quem comandava. Paulo e os demais o obedecem e partem para a Itália.

> "Navegamos vagarosamente por muitos dias e tivemos dificuldade para chegar a Cnido. Não sendo possível prosseguir em nossa rota, devido aos ventos contrários, navegamos ao sul de Creta, defronte a Salmona. Costeamos a ilha com dificuldade e chegamos a um lugar chamado Bons Portos, perto da cidade de Laseia. Tínhamos

perdido muito tempo, e agora a navegação se tornara perigosa, pois já havia passado o Jejum". At 27:7-9.

Preste atenção nas palavras que coloquei em destaque: **"vagarosamente e dificuldade, não sendo possível prosseguir, ventos contrários, perdido muito tempo e perigosa".** Parece um cruzeiro de férias? Uma viagem de lazer? Não. O que você faz numa situação dessas? Muitos se desesperam, gritam e até se suicidam, fazem uma rebelião ou qualquer outra loucura. Eles não, pois tinham acabado de jejuar. Isso mesmo, um jejum em um dos momentos mais difíceis da vida. O que falta na vida de muitos, atualmente, é o jejum.

Lembrei do profeta Jonas, que mesmo no meio de uma terrível tempestade, com o barco indo a pique, dormia profundamente no porão da embarcação. Não orava nem jejuava, dormia. Os tripulantes do barco em desespero, ele, porém, dormindo. Sei que a dificuldade está nos olhos de quem a vê, uns se desesperam e surtam, outros não estão nem aí para o problema, mas sempre haverá os que levam a sério. O jejum tem papel fundamental em alguns momentos.

Desculpe-me por usar aqui um jargão muito conhecido, é ridículo, eu sei, mas foi o único que lembrei para ilustrar – o do "crente seis horas". É aquele que sempre diz: "*Seis* (vocês) oram por mim?" Ouço isso quase todo dia. Cristãos anêmicos espirituais, que não gastam tempo algum em oração e jejum, e que dependem a vida toda de quem faz isso por eles diante de Deus. Para Paulo, no entanto, havia a certeza de que chegaria a Roma, ele e seus amigos se responsabilizavam pelos outros. O texto nos sugere que todos jejuavam. E por que não é assim hoje? Reflita.

Paulo é um profeta de Cristo: "Senhores, vejo que a nossa viagem será desastrosa e acarretará grande prejuízo para o navio, para a carga e também para as nossas vidas". At 27:10.

Nesse ponto, a vida de todos corria perigo e Paulo usa a prerrogativa de um pastor que está preocupado com todos. Um homem de Deus estava a bordo, e quando um homem de Deus está presente, deve orientar e exortar, alertar sobre o que pode acontecer, revelar a vontade de Deus. Não importa se são amigos ou desconhecidos.

O centurião não deu ouvidos a Paulo: "Mas o centurião, em vez de ouvir o que Paulo falava, seguiu o conselho do capitão e do dono do navio". At 27:11. O homem de Deus revela o que vai acontecer, mas parece mais prudente confiar na palavra do comandante do navio, experiente em navegação, do que na do religioso. Não é assim hoje? Os profissionais são consultados e pagos pelos seus conselhos.

Tenho aconselhado, há muito, aos que estão à beira da morte por causa dos vícios ou por sua conduta arrogante e prepotente, e muitos não dão atenção. Mas se um médico ou outro profissional qualquer dá um diagnóstico trágico, do tipo: "Se você não parar com isso vai morrer em poucos meses", pronto, é o que basta; a pessoa muda de vida rapidinho. E por quê? Porque a fé não é para todos. 2 Ts 3:2.

Nesse momento da viagem de Paulo há um dilema, todos começam a opinar e arma-se uma confusão. O comandante não comanda nada, o centurião já não sabe o que fazer. Acompanhe: "O porto não era próprio para passar o inverno, a maioria decidiu que deveríamos continuar navegando, com a esperança de alcançar Fenice e ali passar o inverno. [...] Eles pensaram que haviam obtido o que desejavam; por isso levantaram âncoras e foram navegando ao longo da costa de Creta". At 27:12-13.

Quando não se ouve Deus, multiplicam-se os conselhos, as opiniões se dividem e não há certeza de nada. Pode-se até caminhar um pouco mais, ir mais longe, sentir-se bem, acreditar que uma hora de oração ou uma semana na igreja seja o suficiente. Mas não é. Tem que ser mais que isso, pois ter fé é mudar permanentemente. Você levanta a âncora e o vento sopra. "Pouco tempo depois, desencadeou-se da ilha um vento muito forte, chamado Nordeste". At 27:14.

"O navio foi arrastado pela tempestade, sem poder resistir ao vento; assim, cessamos as manobras e ficamos à deriva" At 27:15. Para muitos seria o fim, quando não se tem mais o controle do volante, do timão. Não adianta ser forte, sábio ou rico, você é só um passageiro.

Algo assim aconteceu comigo em outro acidente. Meu carro aquaplanou na pista por causa da chuva, saí fora da estrada e capotei várias vezes. Perdi o controle do volante. Só percebi a gravidade minutos depois. Dou graças a Deus por ter preservado a minha vida; não foi apenas o cinto de segurança, foi o Senhor.

Há um item importantíssimo num navio – o bote salva-vidas. Quem assim o nomeou, fez isso com razão: "Com dificuldade conseguimos recolher o barco salva-vidas". At 27:16. Você o preserva como último recurso, não quer usá-lo nunca, mas o mantém atrelado. Imagine se o Titanic tivesse mais botes salva-vidas? Muito mais pessoas teriam se salvado.

"Começaram a lançar fora a carga [...] Lançaram fora, com as próprias mãos, a armação do navio". At 27:18,19. O apóstolo estava certo, ele tinha dito isso antes, sobre o prejuízo para a carga do navio e para suas vidas. Nesse momento, nossas cargas não têm valor, se apegar a lembranças e objetos pessoais nada adiantará.

Para completar meu raciocínio, lembrei de um homem que visitei tempos atrás. Ele via seu mundo desabar em um processo de separação; a esposa havia partido levando os filhos enquanto ele se agarrava em seus bens, nas finanças. Então eu lhe disse: "Filho, você não está no comando mais, seus bens não o farão sentir-se melhor sem a pessoa que ama, não é hora de segurar as cargas e sim de salvar vidas, o amor conjugal e os filhos".

A tempestade não recuava, parecia um leão faminto em volta da presa, ainda que a presa não esboçasse reação: "Não aparecendo nem sol nem estrelas por muitos dias, e continuando a abater-se sobre nós grande tempestade, finalmente perdemos toda a esperança de salvação". At 27:20. O sol permanece lá, mas nós não o vemos, nem a lua, nem as estrelas. Certamente os homens sentiam saudades da terra firme quando admiravam a noite com o céu estrelado. O comentário de Lucas, ao dizer, "Perdemos toda a esperança de salvação", seria o desabafo momentâneo de um desesperado?

Mas Paulo continua:

> "Os senhores deviam ter aceitado o meu conselho de não partir de Creta, pois assim teriam evitado este dano e prejuízo. Mas agora recomendo-lhes que tenham coragem, pois nenhum de vocês perderá a vida; apenas o navio será destruído. Pois ontem à noite apareceu-me um anjo do Deus a quem pertenço e a quem adoro, dizendo-me: 'Paulo, não tenha medo. É preciso que você compareça perante César; Deus, por sua graça, deu-lhe as vidas de todos os que estão navegando com você'". At 27:21-24.

Paulo usa sua autoridade para advertir os que tinham o comando – parece que não comandavam tanto assim –, por não lhe darem ouvidos na primeira vez, quando os alertou sobre os perigos da viagem. Falta essa postura aos líderes de hoje, ou seja, representar Deus no momento em que outros não sabem o que fazer.

Se na primeira advertência o perigo seria para o navio, a carga e suas vidas, agora Paulo diz que nenhuma das 276 vidas se perderia, embora o navio fosse destruído. Paulo explica sua certeza: "Um anjo me apareceu". Talvez não fosse uma boa hora para falar em anjos, mas o verdadeiro servo de Deus é usado nesse momento. Como é bom viajar em companhia de um homem de Deus, é mais seguro.

O centurião e o comandante pensavam ser os responsáveis, mas Deus havia dado a vida de todos a bordo nas mãos de Paulo. Creio que em muitas ocasiões, quando há um homem de Deus presente, ele é o responsável pela vida física e espiritual de todos à sua volta.

Agora, mais confiante do que nunca, Paulo fala como um experiente navegador: "Devemos ser arrastados para alguma ilha" At 27:26. Pura fé. Imagine o desespero, a angústia e o medo que passaram. No meio de tanta gente, apenas alguns serviam a Deus. Mas, então, o que acontece? Todo mundo começa a orar: "faziam preces para que amanhecesse o dia". At 27:29. A Escritura diz que o choro pode durar uma noite, mas a alegria vem ao amanhecer. Os perigos da noite assustam mais do que os perigos do dia.

Deus os estava conduzindo a uma ilha. Veremos que o bote salva-vidas, preservado dias antes, torna-se um meio de fuga da tripulação, embora, ou todos morriam, ou todos seriam salvos: "Tentando escapar do navio, os marinheiros baixaram o barco salva-vidas ao mar, a pretexto de lançar âncoras da proa". At 27:30. Posso citar uma frase conhecida, como exemplo: "Não abandone o barco". Mas um outro exemplo pode ser explorado. Como o do navio *Costa Concórdia*, em 2012.

Segundo a *Folha de S.Paulo,* de 17 de janeiro de 2012: "O navio *Costa Concórdia* viajava com 4.234 pessoas quando bateu em uma rocha junto à ilha italiana de Giglio, por volta das 21h30 do dia 13 de janeiro (hora local)". Um telefonema entre o capitão do cruzeiro *Costa Concórdia*, que naufragou na sexta-feira em águas na Itália, e a Capitania dos Portos publicado nesta terça-feira na imprensa italiana confirma que ele deixou o navio antes da retirada de todos os passageiros. Depois de fugir, Francesco Schettino, de 52 anos, recebeu ordem para retornar e coordenar a retirada dos passageiros e tripulantes, o que ele ignorou.

Cerca de trinta pessoas morreram no naufrágio.

No navio que levava Paulo e 276 pessoas, os marinheiros também quiseram salvar a própria pele, mas já estavam próximos à ilha. Quem sabe a companhia dos presos os atemorizassem. Medite: "Quem deve ir até o fim não pode desistir jamais". O apóstolo foi enfático: "Então Paulo disse ao centurião e aos soldados: 'Se estes homens não ficarem no navio, vocês não poderão se salvar'". Com isso os soldados cortaram as cordas que prendiam o barco salva-vidas e o deixaram cair. At 27:31-32.

Comunhão e comprometimento, sintonia e aliança, cumplicidade não só nos momentos bons, mas nos ruins também. Enquanto temos um batel, um barquinho para escaparmos, iremos confiar no braço humano, mas ao cortarmos as cordas do bote salva-vidas, deixamos de confiar na autoajuda e estaremos inteiramente nas mãos do Único que pode nos ajudar.

Paulo insistia para que todos se alimentassem, dizendo:

> "Hoje faz catorze dias que vocês têm estado em vigília constante, sem nada comer. Agora eu os aconselho a comerem algo, pois só assim poderão sobreviver. Nenhum de vocês perderá um fio de cabelo sequer" At 27:33-34.

Paulo pode ter ouvido algum discípulo de Jesus falar sobre os "cabelos da vossa cabeça" estarem todos contados. Nenhum deles se perderá, isso é bastante animador. "Aliviaram o peso do navio, atirando todo o trigo ao mar" At 27:38. A vida vale mais que o alimento (ao menos para quem é fiel a Deus), assim foi mais prudente se desfazer do peso.

Depois de tanto sofrimento, os soldados tiveram uma ideia macabra. Matar todos. Graças a Deus isso não aconteceu:

"Os soldados resolveram matar os presos para impedir que algum deles fugisse, jogando-se ao mar. Mas o centurião queria poupar a vida de Paulo e os impediu de executarem o plano. Então ordenou aos que sabiam nadar que se lançassem primeiro ao mar em direção à terra". At 27:42-43.

O centurião não permitiu isso por causa de Paulo, pois Deus havia dado a vida de todos nas suas mãos. O maravilhoso é que, estando em Roma, dias depois, ele escreveria palavras de ensino que servem para nós até hoje.

"Dessa forma, todos chegaram a salvo em terra" At 27:44. Chegar em terra firme parecia um sonho, mas conseguiram. Sabemos agora quem realmente estava no comando da viagem, desde o início: Deus. Ele moveu a natureza. Mas quem tinha fé a bordo?

Em nossa vida, quem está no controle? Você pode declarar que todas as coisas cooperam para o seu bem?

Entregue sua vida ao Senhor Jesus agora, viva para Ele e verá grandes coisas acontecerem.

Você pode até naufragar, mas não pode perder a fé.
Pode jogar a carga fora e mesmo o batel.
Ainda que seja ameaçada sua vida,
Confia, confia e confia.
5/10/2014

Capítulo 9
ORELHAS FURADAS

"Eu amo meu Senhor, amo minha mulher e também meus filhos, nunca mais vou ser livre, serei escravo desse amor, eternamente." Êx 21:5

Desde sua existência, o homem luta constantemente por liberdade, pois, desde o princípio, não foi criado com a privação dela. Em Gn 1.26 diz:

> "Então disse Deus: 'Façamos o homem à nossa imagem, conforme a nossa semelhança. Domine ele sobre os peixes do mar, sobre as aves do céu, sobre os animais grandes de toda a terra e sobre todos os pequenos animais que se movem rente ao chão'".

Acredito que esse "domínio" dado ao homem tenha causado fascínio, inveja em satanás. Dominar pode dar a ideia errada de poder, até certo ponto ilimitado, coisas que o adversário sempre cobiçou. Quem apresentou isso de forma extraordinária foi John Milton, em *Paraíso Perdido*. Não creio que alguém tenha explicado de maneira mais inteligente.

Como descobriu-se mais tarde, se o homem não levar a sério essa responsabilidade, pode passar de dominador a dominado. Um exemplo disso é Israel: "Vê, porém, que hoje somos escravos, escravos na terra que deste aos nossos antepassados para que usufruíssem dos seus frutos e das outras boas coisas que ela produz" Ne 9:36. Por causa da desobediência, por não guardarem o descanso sabático da terra ordenado pelo Senhor, e por encherem de sangue as ruas, ficaram cativos por setenta anos. Quando voltaram, ainda eram vassalos daqueles que os haviam conquistado.

Uma analogia que faço ao mostrar que o trabalho e os bens, a família e as bênçãos que Deus nos deu por sua misericórdia, tem-nos dominado inteiramente. Tudo isso por não os usarmos para Sua glória. O pecado é escravagista.

Quando você é dominado, fica inteiramente à mercê de quem ou daquilo que o domina: "Não sabem que, quando vocês se oferecem a alguém para lhe obedecer como escravos, tornam-se escravos daquele a quem obedecem: Escravos do pecado que leva à morte, ou da obediência que leva à justiça?" Rm 6:16. Um escravo não toma decisões; ele apenas obedece para não desagradar seu senhor em nada.

Essa é a razão de muitos não conseguirem livrar-se facilmente do modo como vivem – estão dominados, oprimidos, sujeitos à vontade de quem os domina.

O texto acima faz referência a quem se oferece para ser escravo. Essa prática foi adotada em Israel antigamente, pois se uma pessoa qualquer das tribos de Israel quisesse se fazer escravo, poderia, mas ao final de sete anos deveria ser liberta.

No momento, não é raro, por exemplo, um empresário fazer de tudo para lucrar cada vez mais, agindo sem escrúpulos, mesmo que, por outro lado, seja infeliz no casamento. Tem também o político desonesto, acostumado a maracutaias, sem paz de espírito, comerciantes passando a perna nos clientes etc. Pedro alerta: "Prometendo-lhes liberdade, eles mesmos são escravos da corrupção, pois o homem é escravo daquilo que o domina" 2 Pe 2:19. São pessoas dominadas por um desejo interno insaciável.

Uma pergunta: você sabe o que é *domínio*? O significado, segundo o *Dicionário Aurélio,* é:

"Capacidade de dominar; preponderância: adquirir o domínio de uma situação econômica; poder de controlar. Domínio do ar, do mar, superioridade militar aérea ou naval, adquirida sobre o adversário em determinada área. Domínio de si, controle das próprias emoções. Direito de propriedade de bens imobiliários. Território extenso pertencente a um senhorio. Possessões de um Estado. Espaço ocupado. Domínio comum, direito de propriedade atribuído a qualquer pessoa. Domínio público, direito de propriedade do Estado".

Preste atenção na palavra "superioridade", pois é exatamente isso que ocorre no mundo espiritual.

Os judeus vangloriavam-se de ser o povo separado por Deus, diziam-se livres. Lembra o que disseram a Jesus? "Eles lhe responderam: 'Somos descendentes de Abraão e nunca fomos escravos de ninguém. Como você pode dizer que seremos livres?'" Jo 8:33. A declaração mostrava a dualidade ideológica, pois no mesmo momento em que afirmavam ser filhos de Abraão persistiam na prática de todo tipo de pecado, além disso, a liberdade deles era uma mentira, pois há muito tempo eram tributários e governados por outras nações.

A história relata que Israel foi escravo do Egito (Ex 14:5) e da Assíria (2 Rs 17:23) e outros textos mostram Israel servindo à Babilônia e a outros povos como tributários e escravos.

Jesus os censurou por não entenderem que não eram apenas os pecados individuais que os escravizavam, mas o pecado de toda a nação, o pecado original, desde Adão. Não eram as nações inimigas que os mantinham escravizados, era o pecado. O fato é que os homens se colocam debaixo desse jugo, e uma das principais causas está no culto ao corpo: "Escravos de paixões e prazeres" Tt 3:3. O texto se parece muito com a obsessão hedonista de hoje, modelos multiplicando cirurgias na busca do corpo perfeito (como se soubessem o que significa perfeição), lascívia, pornografia e sensualidade desenfreada, o corpo humano oferecido como carne em açougue. É terrível.

John MacArtur afirmou na mensagem "Quando Deus Abandona uma Nação", do ministério Defesa do Evangelho, que Deus havia abandonado a América por causa do tanto de pecado que a assola – pornografia, entretenimento, assassinatos e corrupção. Comparando com o texto de Romanos 3, eu me pergunto o que leva alguém a gastar tudo que tem apenas para satisfazer sua carne? É uma escravidão que cega os olhos, uma prisão sem grades.

O que significa para você a frase: "Tomai sobre vós o meu jugo"? Não há com certeza nenhum ser humano na terra sem um senhor, ninguém está em cima do muro, e o único modo de não ser escravo da injustiça é tornar-se escravo da justiça: "E depois de terem sido libertados do pecado, tornaram-se escravos da justiça" Rm 6:18. "Escravos de Deus" Rm 6:22. "Como servos de Cristo" Ef 6:6. O que deve ficar claro é que só nos tornaremos servos e escravos do Senhor quando formos libertos por Ele e pertencermos a Ele.

Ainda mais importante é entender que, mesmo que alguém pense conseguir, é absolutamente impossível uma pessoa pertencer a dois senhores. Servir um pouco na igreja e um pouco no mundo, ser dominado por duas forças diferentes, não dá. A Bíblia diz: "Nenhum servo pode servir a dois senhores" Lc 16:13. Em grego, servo significa escravo.

Não é como uma guarda compartilhada, quando pais separados dividem os cuidados dos filhos, e é por isso que em Mt 11:27-29 o Senhor também promete aliviar nosso fardo, tirar as cargas, para só depois tomarmos seu jugo que é suave e seu fardo que é leve. Isso esclarece definitivamente que o homem precisa de direção, de condução.

A única maneira de sermos salvos é estar debaixo de Seu jugo e liderança. A quem você serve? Não se engane, uma vida morna no cristianismo não é vida coisa nenhuma. Se você pensa que pode pertencer só um pouquinho a Cristo, saiba que não pertence a Ele em nada.

Em tempos mais antigos, quando a escravidão era comum em todos os continentes, estabeleceram-se padrões no trato com escravos, o direito dos senhores era notório, mas, e quanto aos escravos? Quais eram os direitos de um escravo? O negociante vendedor, em pé na praça, mostrava os músculos, dentes, a altura e outras caractcrísticas do escravo a fim de conseguir um bom preço. Os relatos mais antigos dizem que eram homens e mulheres trazidos de nações africanas à força, capturados em suas aldeias. Até príncipes vinham acorrentados nas galés.

O escravo não tinha direito a voto, morava onde fosse determinado e não possuía bens – ele mesmo era uma propriedade.

Antes de 1930, no Brasil colonial, um escravo custava cerca de 300.000 réis, e antes disso valia ainda menos. Há relatos de escravidão em lugares no mundo onde eles eram vendidos ou trocados por bagatelas, cereais e outras mercadorias. Ainda hoje, a ONU declara haver regiões onde um ser humano é vendido por até 1.000 dólares.

Comumente, um escravo recebia uma marca, a qual o identificava como propriedade de algum fazendeiro; a pele marcada a ferro quente, braceletes e arames no pescoço, tornozeleiras etc. E nós? Quais são as marcas que mostram ao mundo que pertencemos a Cristo?

O apóstolo Paulo dá uma amostra: "Que ninguém me perturbe, pois trago em meu corpo as marcas de Jesus" Gl 6:17. De quais marcas Paulo está falando aqui? Na segunda carta aos Coríntios, em 11:23-33, temos um relato assustador de alguém que suportou o sofrimento ao entregar-se totalmente a Cristo:

"São eles servos de Cristo? – Estou fora de mim para falar desta forma – eu ainda mais: trabalhei muito mais, fui encarcerado mais vezes, fui açoitado mais severamente e exposto à morte repetidas vezes[...] Cinco vezes, recebi dos judeus trinta e nove açoites. Três vezes fui golpeado com varas, uma vez apedrejado, três vezes sofri naufrágio, passei uma noite e um dia exposto à fúria do mar. Estive continuamente viajando de uma parte a outra, enfrentei perigos nos rios, perigos de assaltantes, perigos dos meus compatriotas, perigos dos gentios; perigos na cidade, perigos no deserto, perigos no mar, e perigos dos falsos irmãos. Trabalhei arduamente; muitas vezes fiquei sem dormir, passei fome e sede, e muitas vezes fiquei em jejum; suportei frio e nudez. Além disso, enfrento diariamente uma pressão interior, a saber, a minha preocupação com todas as igrejas. Quem está fraco, que eu não me sinta fraco? Quem não se escandaliza, que eu não me queime por dentro? Se devo me orgulhar, que seja nas coisas que mostram a minha fraqueza. O Deus e Pai do Senhor Jesus, que é bendito para sempre, sabe que não estou mentindo. Em Damasco, o governador nomeado pelo rei Aretas mandou que se vigiasse a cidade para me prender. Mas de uma janela na muralha fui baixado numa cesta e escapei das mãos dele".

Foi esse escravo de Cristo que deixou para nós o mais completo acervo de doutrina bíblica. A tragédia hoje é que alguns ministérios e denominações se enchem diariamente de crentes fracos e desnutridos espiritualmente, sem visão nem discernimento, que não suportam nada por amor a Cristo, e creem que o evangelho é um meio de enriquecimento. Não me entenda mal, eu aceito qualquer pessoa rica na igreja, mas o que prego é – como Luiz Hermínio diz – que a felicidade de um irmão que enriquece se manifesta quando seus irmãos em Cristo também se tornam ricos, pois a igreja é formada de pessoas; se um sofre todos devem sofrer, se um se alegra, todos devem se alegrar com ele. Os líderes de hoje são os piores, pois dizem: "O cristão não passará por nenhum sofrimento, pois Cristo já sofreu tudo por nós".

Certamente Paulo não concordaria com o pensamento da maioria, assim como tenho certeza de que a igreja de hoje jamais o aceitaria como seu pastor.

Leonard Ravenhill e David Wilkerson, quando vivos, insistiam ao dizer em suas mensagens que a igreja necessitava urgentemente de um "batismo de angústia", uma convicção espiritual que deve permear a vida da igreja. Ou, como Paul Washer diz: "Amar o que Deus ama aborrecer o que Deus aborrece". Eu me pergunto de onde vem essa falsa humildade e misericórdia nos cristãos atuais?

Nossa tendência é a de sermos condescendentes com as circunstâncias, agimos como Saul querendo guardar animais que deveriam ser mortos, mas que ele desejava sacrificar a Deus. Em vez disso, devíamos ser como Samuel, esse sim obedeceu à ordem do Senhor. Usamos a desculpa de amar todo mundo para praticar o que não se deve, apenas para satisfazer a carne. Muitos dizem: "Mas Paulo fez de tudo para ganhar as pessoas para Cristo". Mas, quantas pessoas eles estão ganhando efetivamente para o Senhor?

Você prefere manter uma amizade com aqueles que aborrecem a Deus ou prefere estar em Sua presença? Paulo afirma: "Eu estou crucificado para o mundo, e o mundo para mim" Gl 6:14. Se o mundo ainda o atrai e seduz é exatamente por não ter o controle nem ser guiado pelo espírito de Deus em sua vida.

Para falar a verdade, há muitas coisas que pertencem ao velho homem, mas continuam ativas no cristão, querendo afastá-lo da comunhão com Deus, impedi-lo de realizar a Sua vontade. Percebe como estamos mais ociosos, vagarosos e preguiçosos?

Dormimos mal, nos alimentamos mal – não pouco –, nossas ações são más e somos espiritualmente sedentários. Há uma falsa sensação de controle, mas na verdade, não dominamos nada, nós é que estamos sendo dominados. Espero que nem todos.

Quando sofremos alguma afronta ou derrota, a atitude mais comum é afastar-se; se uma rua está impedida vamos por outra, mas no reino de Deus não se deve agir assim. Qual foi a atitude de Paulo diante dos perigos? Orar mais, jejuar e servir melhor a Deus. O que fazia diz respeito à sua conduta e disciplina: "Mas esmurro o meu corpo e faço dele meu escravo, para que, depois de ter pregado aos outros, eu mesmo não venha a ser reprovado" 1 Co 9:27. E também: "Para isso eu me esforço, lutando conforme a sua força, que atua poderosamente em mim" Cl 1:29.

A disciplina é fundamental no crente que deseja agradar ao Senhor, esmurrar o corpo e marcá-lo por amor a Cristo, esforçar-se mais e mais. O Senhor Jesus disse: "Ame o Senhor, o seu Deus, de todo o seu coração, de toda a sua alma, de todas as suas forças e de todo o seu entendimento." Lc 10:27. Poderia escrever uma tese apenas com essas quatro palavras: coração, alma, força e entendimento, certamente um comportamento que falta em nossos dias.

É o que digo sempre: "com exaustão", não ceder à escravidão dos prazeres, pois você já é escravo de Cristo. Não parece fácil, e com certeza não é. Mas pense nos benefícios de estar na presença de Deus, o jejum, a oração e as boas obras. Comece com um tempo mínimo e vá aumentando gradativamente a um nível maior, saiba que nem sempre haverá alguém intercedendo por você, por isso todos devem ter uma vida de intimidade e comunhão com o Senhor.

Quando crianças, precisamos de apoio para andar ou fazer coisas que são realmente fáceis para os adultos. Paulo lembra disso: "Quando eu era menino, falava como menino, pensava como menino e raciocinava como menino. Quando me tornei homem, deixei para trás as coisas de menino." 1 Co 13:11. A vida cristã deve ser uma crescente aprendizagem; pena que muitos ainda queiram viver como meninos.

Falta em muitos hoje a atitude de servo, como a descrita em Ex 21:2-6:

> "Se você comprar um escravo hebreu, ele o servirá por seis anos. Mas no sétimo ano será liberto, sem precisar pagar nada. Se chegou solteiro, solteiro receberá liberdade; mas se chegou casado, sua mulher irá com ele. Se o seu senhor lhe tiver dado uma mulher, e esta mulher lhe tiver dado filhos ou filhas, a mulher e os filhos pertencerão ao senhor; somente o homem sairá livre. Se, porém, o escravo declarar: 'Eu amo o meu senhor, a minha mulher e os meus filhos, e não quero sair livre', o seu senhor o levará perante os juízes. Terá que levá-lo à porta ou à lateral da porta e furar a sua orelha. Assim, ele será seu escravo por toda a vida".

Note que era o escravo quem devia expressar o desejo de permanecer com seu senhor, e dizer que o amava, assim como sua esposa e filhos. A posse definitiva do escravo era uma orelha furada, vazada à ferro quente. Hoje encontramos pessoas que poderiam pertencer a alguma tribo indígena ou aborígene, tatuagens e alargadores nas orelhas são o sinal de ligação com alguma coisa. Não entenda mal, convivo diariamente com isso. Além da minha crítica ao que chamam de "belo", pergunto a muitos o que significa um piercing, alargador ou tatuagem. Geralmente respondem besteiras do tipo: "Eu acho bonito", "Os meus amigos usam" ou "Tal atriz usou na novela".

Dificilmente se ouviria uma resposta assim naquele tempo. Ao encontrar um escravo nas ruas com uma orelha furada, ainda sangrando e com dor, acompanhado de esposa e filhos, ele lhe diria realmente o porquê de sua orelha estar furada; contaria que havia trocado sua liberdade, coisa que nunca mais faria parte de sua vida, para ser um escravo para toda sua existência. São esses homens que Deus está procurando na terra.

Servir a Deus é para sempre.

O que você deixou por amor a Ele? Não é difícil deixar o que é ruim, digo, o normal é que pecadores depravados venham a Cristo, abandonando as drogas, a prostituição etc. Mas há um nível mais excelente, e nem todos estão dispostos a alcançá-lo – é quando pessoas especiais abrem mão daquilo que é permitido, que é bom e até saudável, mas não tão bom quanto agradar a Deus.

Nós fazemos isso no jejum, por exemplo, quando ficamos por horas sem o alimento de que gostamos, ou um dia talvez. Mas existem aqueles que simplesmente abandonam o que gostam pelo resto de suas vidas. O que estaria disposto a deixar por amor a Ele? Ou o mundo ainda o fascina? Se não consegue suportar pequenos desafios, como enfrentará os grandes? Ou como a palavra nos revela: "Se você correu com homens e eles o cansaram, como poderá competir com cavalos? Se você tropeça em terreno seguro, o que fará nos matagais junto ao Jordão"? Jr 12:5. Ou seja, quando as tarefas forem realmente importantes, como reagirá?

E não use a desculpa de muitos: "Ah, pastor, sou muito fraco e preciso de tempo, descanso, muita calma e um relaxante". Não, irmão, você precisa é de força e revestimento, mais atividades e não de férias, mais vigor espiritual e não travesseiro macio. Precisa de uma espada.

Saia da sua zona de conforto, assuma uma posição no reino, vença seus medos, subjugue seu corpo, seja um verdadeiro discípulo do Senhor. Realmente é difícil ser um cristão verdadeiro, por causa das muitas falhas dos crentes; outros – não tão crentes assim – se afastam da igreja e do convívio com os irmãos, mas quero alertá-lo, quem age assim não está interessado no reino de Deus. Imagine se a pergunta que lhe fizessem, cuja resposta determinaria sua salvação na eternidade, fosse: "Tudo bem, você poderá entrar na eternidade com Deus, mas antes, pode me dizer o nome de ao menos dez pessoas com as quais congregou até o fim da vida, das quais suportou os erros e o quanto se importou com o sofrimento delas?"

Não pode simplesmente dizer que levou seu dízimo e sua oferta ao templo, mas não manteve um relacionamento com o corpo, afinal, não vemos mãos e pés se movendo por aí, sem um corpo. No reino de Deus não existe carreira solo, e criticar cristãos fracos pela internet não é o mesmo que viver o cristianismo. Lembre-se, quando você foi chamado, a igreja já existia, e sem você ela continuará existindo, mas o bom é que você é convidado a fazer parte dela.

O Dr. Myles Monroe (que não está mais entre nós) em muitas de suas mensagens alertava sobre o perigo de enterrarmos sonhos e projetos. Dizia que no cemitério havia muitas pessoas que morreram levando consigo livros que nunca foram escritos, quadros jamais pintados, máquinas ainda não inventadas, famílias que nunca existiram. E por que isso? Simplesmente por não usarem a fé e a coragem para realizar sonhos e projetos, por permanecerem sentadas na cadeira da preguiça e do comodismo, por tentarem imitar um modelo de vida disforme do desejado por Deus.

Insisto com a igreja dizendo que das muitas atividades vêm a experiência e o vigor. Músculos não se desenvolvem em corpos inertes e um verdadeiro servo de Deus nunca está ocioso, mas sempre cuidando das coisas de seu Senhor.

Prefiro ser rude com as palavras do que ser acusado de negligente com a verdade; é melhor você ouvir de um irmão que o ama do que ser envergonhado lá fora.

Estou sendo amassado todos os dias! Todos os dias me postarei vigilante, mesmo cansado prosseguirei.

Meu esforço, meu Norte e fanal, é o destino tão sonhado aos seus.

Ainda que os proeminentes parem, que desistam, ainda assim eu irei.

Lutando com toda minha vida, pela família, por Deus, pelos céus".
27/10/2013

Capítulo 10
QUASE UM SALVO

"Nem todo aquele que me diz 'Senhor, Senhor' entrará no Reino dos céus, mas apenas aquele que faz a vontade de meu Pai que está nos céus." Mt 7:21

Há pessoas que chegam perto da salvação, não digo apenas as que frequentam igrejas ou vivem um legalismo barato. Não, são como o homem rico que perguntou a Jesus: "Bom mestre, que farei para herdar a vida eterna?" A resposta de Jesus deve nos fazer refletir sobre nossa salvação, pois estamos no meio de uma geração que pensa: "Basta apenas aceitar a Cristo e fazer uma profissão (confissão) de fé e pronto, estamos salvos".

Claro, sei que o sacrifício de Cristo é suficiente, mas o que dizer do testemunho cristão e da vida diária em devoção a Ele?

Quando Jesus perguntou ao homem rico se conhecia os mandamentos, este respondeu que praticava todos eles desde sua juventude, ou desde seu *Bar Mitzvá*. Aliás, Paulo e Timóteo e tantos outros jovens daquela época foram doutrinados na lei e costumes judaicos por mestres como Gamaliel, que não eram raros.

Mas, para herdar o Reino de Deus é preciso mais do que conhecer as leis, o legalismo não substitui a graça. Somente a graça dá condições de agir com o coração cheio de fé e não por obrigação. Por isso, o Senhor Jesus disse ao jovem rico que faltava uma coisa: desfazer-se justamente de tudo que o prendia ao mundo.

A receita era que vendesse todos os bens e repartisse o dinheiro aos pobres, e só então O seguisse para a vida eterna, na qual teria um tesouro maior.

Abraão viveu em tendas porque cria no Deus que lhe prometera, ele não chegou apenas perto, mas entrou, e hoje desfruta da presença de Deus. Na parábola do rico e de Lázaro, enquanto o rico vai para o tormento eterno, Lázaro vai ao encontro de Abraão que se tornou o pai da fé. Quantos de nós estamos próximos de agradar a Deus e satisfazer Sua vontade, todavia, ficamos presos às coisas deste mundo? Você pode frequentar templos toda sua vida e, ao final, ainda assim não ser salvo. Morrer de sede ao lado da fonte.

Jesus já advertia: "Esse povo me honra com os seus lábios, mas o coração está longe de mim". Há o exemplo dos ladrões ao lado da cruz de Jesus, apenas um foi salvo, provando que não basta estar próximo a Cristo, mas, com humildade, reconhecê-Lo como Senhor. O outro esteve tão perto, mas deixou passar a oportunidade.

Em Mateus, lemos: "Mas aquele que perseverar até o fim será salvo" Mt 24:13. O limite é o fim, não dá para parar no meio do caminho. O "fim" representa a morte, ou a volta de Cristo, pois a recompensa, que é a salvação, não é para os que vão até a metade, e sim para os que são disciplinados, que desprezam este mundo e suas paixões e não trocam o Senhor por entretenimento, esportes, lazer ou dinheiro. Nada abala seu alicerce espiritual. Alguns quase tropeçam (Sl 73:2), mas continuam de pé diante do Senhor; ainda que passem dias difíceis, seja por dor, tristeza ou perseguição, não irão desistir: "Porquanto ele chegou às portas da morte, por amor a Cristo"

Fl 2:30. Entendeu? Mesmo às portas da morte ele não nega sua fé.

Em Gênesis 25:32, outro mau exemplo é visto. Esaú foi aquele que tratou com desprezo a primogenitura, ao chegar do campo com fome. "O que temos para hoje? Um guisado por uma primogenitura. Muito bem, pode servir." Quase morrendo, quase herdeiro. Quase.

Sei que muitos se esforçam para evitar os mesmos erros do passado adequando suas vidas ao querer e à vontade de Deus. É preciso incentivá-los a continuar na busca pela excelência, para que não aconteça de estarem quase conseguindo e, no entanto, caírem da graça. O apóstolo Pedro diz:

> "Pois proclamando palavras arrogantes e levianas, tomados pelas paixões sensuais da carne, conseguem seduzir os que estavam quase conseguindo escapar do envolvimento daqueles que jazem no erro" 2 Pe 2:18.

Ou seja, os que não conseguiram obter a graça e jaziam no erro envolveram de tal maneira alguns que "estavam quase lá", mas que, por causa de um ensino errado, foram seduzidos e enredados novamente. Quase conseguiram. Quase.

São aqueles que participam da comunhão na ceia do Senhor, entregam suas ofertas e dízimos, jejuam, dão carona a alguém da igreja, sabem alguns versículos bíblicos etc. Parecem com trigo, mas não são, pois na primeira oportunidade em voltar atrás, não pensarão duas vezes. É o sono do velho homem que é leve demais.

Esses murmuram contra os líderes, gostam de pornografia e não apenas querem a mulher do próximo, mas seu carro, sua casa e seus bens. Pense bem, você não sente tristeza pelos seus erros? Ou diz, como todo mundo, que errar é humano?

Outro mal nos "quase salvos" é que são adeptos do "não posso, não consigo, não sei e não é comigo". Ficam magoados e rancorosos por muitos anos e fazem promessas que jamais cumprirão. São as virgens loucas que estão aguardando o noivo; estão bem vestidas e perfumadas e desejam o noivo, caminham para as núpcias, têm lâmpadas, mas... onde está o azeite? E lembre-se, eram néscias ao saírem, desde o início.

Os templos estão abarrotados de pessoas atraídas pelos louvores que, aliás, não são para eles, tornam-se amigos e simpatizantes do evangelho, curiosos chamados de "papa-bênçãos". Como a plateia que lota um teatro para aplaudir seus ídolos. Deus, porém, não está procurando fãs, simpatizantes ou religiosos. Ele quer filhos, servos e adoradores. O evangelho não deve parecer um *glamour*, mas um desafio.

Ali estavam Ananias e Safira, quase salvos. Queriam parecer bem na foto ao lado de Pedro, quem sabe tirar uma *selfie* com o apóstolo. Tinham conhecimento da oferta que Barnabé fizera, e acreditavam que seriam mais respeitados ao entregarem um dinheiro maior à igreja que estava nascendo. Tudo neles era mentira, eram segundas intenções.

E o que dizer dos nossos momentos ruins, quando a vontade é de desistir de tudo? Paulo nos ajuda, dizendo que nada pode nos separar do amor de Deus que está em Cristo. Seja a fome ou a nudez, a altura ou a profundidade, os anjos ou os demônios, o presente ou o porvir, a perseguição ou a espada. Nada, absolutamente nada, pode nos separar desse amor glorioso.

Sei de pseudocristãos que não precisam de muita coisa para abandonarem a fé, basta ir ao churrasco da empresa ou à festa da família, irem de carro ao trabalho ou numa viagem de férias. Até um aumento de salário é uma tentação insuportável. Se vão ao shopping ou ficam no ostracismo, tudo é uma armadilha e um laço, principalmente a quem não tem nenhuma disciplina. Meu desejo é que sua vida não seja mais ou menos, que sua entrega seja total ao Senhor. O pior é que um "quase salvo" pode frequentar a mesma igreja que nós, ser um amigo ou parente. Tomara que algum deles esteja lendo isso e tome uma decisão.

Se você é um estudioso das Escrituras irá reconhecer os "quase salvos".

Em minhas conversas com pastores e líderes do Brasil e do mundo percebo que nenhum deles admite a existência do joio em sua lavoura – a igreja –, apenas o trigo. Eles afirmam que todos os que frequentam sua igreja serão salvos. Por vezes desanimam quando, em minhas mensagens, acabo mostrando realidades presentes em seu rebanho. Em muitos casos, ao final do culto, sou procurado por aqueles que querem desabafar e revelar sua conduta perversa, contrária à da vida de um cristão.

Sei que alguns não irão me convidar mais, mas há muito decidi não agradar a ninguém a não ser a Cristo, por isso prego a palavra que pode até doer, mas também curar. Imagine, será que Elias e Jeremias, Paulo ou qualquer um dos profetas e discípulos seriam bem-vistos ou aceitos hoje? Creio que não. Como poderia incentivar uma pessoa que está errando, dizendo: "Vá em frente, você está indo bem, continue, pois Deus o ama mesmo assim?" Não, é necessário corrigir os erros para conquistar a vida plena e satisfazer o Senhor.

Uma coisa é reconhecer que é pecador, admitir as falhas e entender que não temos a mínima condição de estar na presença de Deus, que devemos aprender a viver de acordo com Sua vontade. Outra, totalmente diferente, é se camuflar de servo quando na verdade não somos, nos fazer de piedosos sem nenhum fruto que comprove isso, continuando nas práticas antigas. Para esses a carta aos Hebreus dá uma definição que completa nosso capítulo:

> "Com relação às pessoas que foram uma vez iluminadas e provaram o dom celestial, se tornaram participantes do Espírito Santo e experimentaram a bondade da palavra de Deus e os poderes

do mundo futuro, e caíram, é impossível renová-las para que abandonem o pecado, enquanto para si mesmas continuam a executar o filho de Deus" Hb 6:4-6.

Outro texto diz: "Se continuarmos a pecar deliberadamente depois de recebermos o conhecimento da verdade, já não resta sacrifício pelo pecado" Hb 10:26.

É preciso mais que músicas e aparências, mais que megarreuniões ou festas. É preciso santidade verdadeira e compromisso sincero, devoção legítima e obras que sejam visíveis, só assim seremos chamados de filhos do Altíssimo. O atleta que mais lamenta não é o que não pode participar da disputa, mas aquele que, ao participar, fica a poucos passos do primeiro colocado. Ele pensa: "Se fizesse um esforço a mais eu conseguiria".

Como diz Steve Lawson: "Pare de destruir a igreja de Cristo".

Estar tão perto, sentir a brisa por entre as portas, desejar.
Segurar por segundos, em suas mãos suadas, a dianteira.
Enganar seus olhos com a miragem da esperança. Derrocar
Esperar o que não vem, sonhar acordado, avistar o quase.
Quase bom. Quase livre. Estava, mas não era, não foi.
2/2/2014

Capítulo 11
A MÚSICA QUE DEUS OUVE

"Sacrifícios de louvor, lábios que confessam o Teu nome." Hb 13:15

É lindo ver o que está descrito em Ap 5:12, ao mostrar a multidão cantando em alta voz: "Digno é o cordeiro que foi morto, de receber poder, riqueza, sabedoria, força, honra, glória e louvor". Ali parece não haver um músico profissional nem banda para animar a todos, apenas a voz da multidão. Todos sabemos que na presença Dele não haverá destaque para o talento humano, quem aparece é apenas a majestade Santa.

Ao falar de música, louvor e adoração, temos de entender que tudo pertence a Deus. Qualquer manifestação deve apontar para Ele; aliás, é Deus que separa para Si os que Lhe agradam, é Seu Espírito que os inspira a prestar-Lhe o culto e o louvor que recebe. Isso é claro para Davi: "Colocou um novo cântico em mim" Sl 40:3. Abraão falou a Isaque que Deus prepararia para Si o cordeiro para o sacrifício e tenho certeza de que isso aplica-se também ao louvor. O Salmo 40 diz que era Deus quem colocava novos cânticos nos lábios de seus servos. Se um cristão vai buscar inspiração em músicas seculares, sua espiritualidade deve estar em baixa.

Acho razoável separar o assunto em três partes: o homem, o louvor e a resposta de Deus.

Na figura humana vamos abordar vários aspectos que a envolvem. Como o corpo humano, por exemplo. Qual é o cuidado com aquilo que é chamado "vaso de honra"? Veja: "Vocês não sabem que são o templo de Deus e que o Espírito de Deus vive em vocês?" 1 Co 3:16. Ou: "Vocês não pertencem a si mesmos" 1 Co 6:19.

Creio não haver muita preocupação com isso hoje, principalmente nos músicos de nossas igrejas. Vale a pena ressaltar que ao longo dos anos, conforme a igreja foi crescendo, a música tomou proporções jamais desejadas por Deus. Reuniões em que se valoriza mais a cantoria – que chega a mais de 60% ou 70% do culto – e nas quais a ministração da palavra é quase inexistente, relegada a poucos minutos.

Cantores da música gospel são tratados como celebridades do meio secular, cheios de brilho, no alto de um palco preparado exclusivamente para sua apresentação. O cachê é acertado antes do show e um camarim com caras iguarias é preparado para seu desfrute. Mas, como anda a vida desses cantores? Qual seu conceito moral? Quanto passam em oração diante de Deus? Como é seu testemunho de vida?

Infelizmente os líderes – nem sei se posso chamá-los assim – são culpados por incentivar isso nas igrejas. Mas deixemos de falar dos profissionais da música que acredito estarem já, todos eles, num caminho sem volta, longe da transformação, a não ser que a graça de Deus lhes alcance. Falemos dos que estão nas igrejas, os que se dizem levitas, e na realidade não são, pois nenhum que conheço nasceu de Levi, filho de Jacó, pois levita não é função, é filiação.

São pessoas comuns que gostam de cantar e louvar a Deus.

Por curiosidade: Você sabe o que fazia um levita? "E, quando o tabernáculo partir os Levitas o desarmarão; e quando o tabernáculo se houver de assentar no arraial os Levitas o armarão; e o estranho que se chegar morrerá." Nm 1:51. E mais: "Mas os levitas executarão o ministério da tenda da congregação e eles levarão sobre si a sua iniquidade, pelas vossas gerações estatuto perpétuo será, e no meio dos filhos de Israel nenhuma herança terão." Nm 18:23. Além disso, alguns deles eram cantores.

Qual o preparo daqueles que se apresentam ao Senhor? É preciso entender isso para descobrirmos se é esse tipo de adoração que Deus está recebendo. Deixe-me dar um exemplo, que abordei num retiro de jovens na cidade de Araucária, no Paraná.

Imagine um músico cristão, que depois de muito esforço comprou um excelente instrumento, digamos, um violão. Pois bem, ele leva o instrumento a seu pastor para que o consagre (ainda que ele mesmo possa fazer isso), diz que vai usá-lo única e exclusivamente na igreja, para cantar e adorar a Deus. O pastor fica feliz por mais um músico na igreja. Após um tempo, ele esquece do que fez, vem um amigo e pede emprestado o seu violão, dizendo que irá apresentar-se em uma festa familiar, ou em um festival ou numa balada, em que vai rolar todo tipo de bebida ou drogas. Ele sabe que todas as músicas tocadas em seu violão consagrado não foram para Deus. O que ele deve fazer?

Eu digo o que ele deve fazer: "Quebrar o violão e colocar fogo nele".

Parece radical para você? Eu sei, para a maioria parece muito radical, e é. Por isso casamentos são desfeitos e famílias estão ficando ainda mais desestruturadas, porque as pessoas não valorizam mais acordos e alianças, os votos não têm valor algum. No que diz respeito à unção, é ainda pior.

Deus quer nos dar um vestido de louvor em lugar de espírito angustiado (Is 61:3). O que dizer das roupas de Aarão e seus filhos? (Ex 35:19). Ainda há outros textos que falam sobre os lábios, as mãos e os pés, roupas, jejum e oração, conhecer as Escrituras e muito mais. Jovens que ministram a Deus devem manter uma disciplina, da manhã até o momento do culto, pelo menos. Abster-se daquilo que não edifica e que entristece o

Espírito Santo. Lembra quando Davi foi ao sacerdote Aimeleque e lhe pediu pão? O sacerdote lhe perguntou primeiro se os que o acompanhavam estavam todos limpos e consagrados, se haviam tocado em mulher ou não, pois o que lhes seria dado era pão consagrado.

O que vejo são pessoas despreparadas, jovens que ficam o tempo todo com o videogame nas mãos, passam o dia inteiro jogando, só deixam o seu joguinho para ir à igreja tocar ou cantar na banda e assim que o culto acaba voltam rapidinho para casa, para o seu mundo de fantasia. Não se dão conta de que a vida está passando diante de seus olhos mais veloz que nunca.

Tem os que namoram o dia inteiro, um beijo aqui, outro ali, então vêm ao culto, mas não conseguem se concentrar no que está ocorrendo na igreja, pois seu pensamento está centrado apenas no namoro; eles nem se dão conta de que suas mãos estão sujas do videogame, seu corpo exala o perfume do(a) namorado(a), do jeito que estavam vieram à igreja. Lamentável.

Ainda que não seja o propósito deste livro, vale a pena citar aqui o meu filho. Quando ele e minha nora decidiram pelo namoro e depois o casamento, fizeram um voto de não se beijarem, a não ser no dia em que iriam se casar, e assim foi. Ele é músico também, e sei o quanto deseja agradar a Deus. Precisamos de mais pessoas com o mesmo pensamento. Creio que isso possa contribuir.

Há pessoas cheias de cobiça e sensualidade, expondo sua vida íntima na internet, nas redes sociais, um lugar que considero uma "lavoura sem cercas", em que todos sabem de sua vida e isso gera constrangimento e vergonha; quando uma irmã vai ao altar de Deus, nem consegue expressar-se como deveria, diz que não está preparada ou que o inimigo a está perseguindo. Poderia ser sincera e confessar sua mancada no computador, mas prefere a mentira. De fato, o próprio Senhor não receberá o louvor.

Bob Kauffin, em sua mensagem sobre música cristã do ministério *Voltemos ao Evangelho*, apresenta muito bem isso. Ele diz que os dois tipos de serviço são importantes para Deus, as Escrituras enaltecem o valor da pregação expositiva da palavra, da exortação e do ensino, mas o louvor e as demais expressões de adoração também devem ser incluídos no culto.

Nas sinagogas judaicas ao redor do mundo, as Escrituras são cantadas, como antigamente. O livro de Salmos, em hebraico, chama-se *Tehillim*, que significa literalmente "Louvações". Essas louvações devem ser prestadas e oferecidas a Deus como gratidão, como devoção, no entanto, jamais devem tomar o lugar da palavra. Se todos fossem ao templo apenas para ouvi-Lo já seria suficiente, mesmo assim, Ele nos dá o privilégio de servi-Lo em canções de adoração.

E o que dizer dos que cantam apenas no templo? Em Hb 13:15, o texto manda: "Continuamente". Em todo tempo e lugar. Há os que dizem: "Eu não ensaiei, mas é para Deus mesmo!". E ainda finalizam: "Ele me conhece". Onde está a habilidade, a responsabilidade e o compromisso?

O escritor do Salmo revela: "Cantem-Lhe uma nova canção; toquem com habilidade ao aclamá-Lo" Sl 33:3. "Com habilidade" Sl 47:7.

Bob Kauffin continua: "Vendo através da misericórdia de Deus, eu estaria vivendo uma vida digna de adoração, contrária ao mundo usando meus dons para humildemente servir à igreja de Cristo?" E mais: "Eu sou fiel ao evangelho?"

São dois extremos para mim.

O primeiro, foi quando na terra da Babilônia, no cativeiro dos filhos de Israel, eles assentavam-se junto aos rios daquela nação e penduravam suas harpas nos salgueiros, em sinal de muita tristeza. Quando os babilônios lhes pediam: "Toquem alguma coisa para nós, uma canção do seu Deus". Sua resposta era: "Como tocaremos as canções de nosso Deus em terra estranha?".

Para eles era ultrajante, estando longe de sua casa, cantar ou tocar diante de estranhos as canções feitas apenas para o Deus de Israel. Isso também parece radical para você?

Pois bem, veja agora o segundo exemplo controverso. Um dia desses fui em uma revenda de peças usadas, era feriado, mas como vi um pequeno portão aberto, resolvi entrar. Ao entrar, disseram-me que não abririam ao público naquele dia, mas, já que eu estava ali, poderia ver alguma coisa. Se fosse rápido. Estava vendo algumas peças, e por todo tempo que permaneci ali – uns vinte ou trinta minutos – os três homens permaneceram sentados no meio da empresa, bebendo vodca ou outra coisa, cujo cheiro era insuportável. Porém, me chamou a atenção o fato de estarem cantando música secular misturada à música de igreja, de cantores evangélicos, hinos que cantamos em nossos cultos. Faziam isso enquanto diziam palavrões e xingamentos.

De repente, para minha surpresa, um deles me convidou: "Venha cantar conosco". É claro, pensei... Só que não. Não faria isso de jeito algum. Rejeitei o apelo e fui embora.

A pergunta que faço é: "Em qual dos extremos você se encaixa?" No que preserva o momento de íntima comunhão apenas com Deus, por meio das canções de adoração? Os que entendem que nem todos estão preparados para adorar a Deus? Ou crê que tudo está liberado, que qualquer um, sem qualificação alguma e sem santidade, que não conhece a Deus, embriagado, blasfemando, falando maledicências e prostituído pode cantar para Deus qualquer coisa e Ele aceita?

Qual padrão é o seu?

Sabe por que as coisas fogem do controle? A igreja está imitando as canções do mundo, muda-se apenas a letra. Há cantores famosos fingindo-se convertidos, mas que ainda pulam no carnaval, buscam fama e estrelato e cantam apenas o que exalta o homem. Tratam com Deus como se Ele estivesse sempre à sua disposição, como um serviçal que basta estalar os dedos e pronto, tudo se realiza como esperam.

Canções que acirram a disputa no corpo de Cristo, dizendo que você irá prosperar e vencer, mas que seu inimigo cairá diante de você. Sofrer? Jamais, pois Deus promete apenas vitória em sua vida. O que nem sempre acontece.

No púlpito há santidade e oração? Ou a última moda da grife lançada na mídia? Quem canta realmente atrai a presença de Deus? Ou o olhar de cobiça por causa da sensualidade e beleza física? Você exalta a Deus ou o seu corpo?

Deixo aqui alguns versículos que nos mostram as qualificações dos que louvam a Deus: Sl 68:25, também em Ed 2:65, outra vez em 1 Cr 9:33 e 15:19, mais uma em Ne 7:67 e 12:46,47, finalmente em 2 Cr 5:12 e 20:21 e 29:28.

A música

De onde vem a inspiração, as letras e a harmonia? Não há necessidade de plagiar o mundo. Cantamos e adoramos, acreditamos ter feito o melhor, depois vamos para casa ou ao restaurante, sorrimos e brincamos. Mas, e o Senhor? Para onde vai depois que a música cessa? O que faz quando nós paramos? Ele dorme, descansa ou viaja? Por que temos tanta pressa em sair de Sua presença?

Gostei de um estudo aplicado pelo pastor e teólogo Luiz Saião, "O pós-modernismo e a Música no Culto", em *Voltemos ao Evangelho*. Ele aborda o pós-modernismo e a música em nossos cultos e explica o modo correto de se produzir (escrever) e escolher as músicas para a adoração a Deus. O que existe é uma confusão.

Ultimamente nossos ouvidos são agredidos com melodias fracas de conteúdo, feitas apenas para vender. Comércio puro. Sei que é Deus quem deve receber e julgar se está correto ou não, o culto não é para mim, vem de mim. Não acompanhe a maioria só porque todos cantam a música das paradas, isso nem sempre é sinônimo de santidade.

Falta às vezes a alegria que as Escrituras pedem: "Colher com alegria" Sl 126:5, "Os resgatados virão a Sião com canções, sobre sua cabeça haverá alegria perpétua" Is 35:10, "Gritem de alegria ao Senhor, entrem em Sua presença com cantos alegres" Sl 100:2.

Há o momento de chorar em Sua presença, lamentar por nossos pecados em contrição e temor, reconhecer a Sua grandeza. Tenho certeza de que muitos hinários, apostilas e arquivos de música das igrejas deveriam ser revisados, e certas letras deveriam ser excluídas, pois a meu ver comparam Deus com os homens ou com a natureza; tais músicas são para autoajuda e não para a ajuda do alto.

Lendo Apocalipse, fico admirado com a canção que ninguém podia aprender, que era apenas para o grupo dos salvos (Ap 14:3). Eu quero cantar também.

Já se perguntou o por quê da ânsia do adversário em apoderar-se do louvor? Infiltrar-se na música sacra? Há algo sobrenatural no louvor que agrada a Deus, por isso satanás quer adulterar e profanar a música. Já cantou liberalmente com seus lábios algo inédito? Que nunca foi gravado ou escrito por ninguém? Um cântico novo, fora de ritmo e até desafinado? Sem ninguém por perto, só você e Deus? Ele o ouve, com certeza.

A resposta de Deus

Coisas grandes acontecerão quando adorarmos verdadeiramente ao Senhor. Ele se agradará de nós quando as canções não forem feitas para "exibições", mas sim para exaltar a Sua glória.

Bom exemplo disso é visto em Atos 16:25, quando Paulo e Silas cantavam na prisão depois de serem castigados severamente, açoitados em público. Todos sabemos qual foi o resultado, um terremoto que abriu as portas da prisão e ainda trouxe salvação ao carcereiro de Filipos e sua família.

Também ao terminarem o reparo do templo, em gratidão a Deus, houve choro de alegria, de lembrança pelo templo antigo (Ed 3:11). Depois na construção do primeiro templo por Salomão, quando os cantores e músicos louvavam ao Senhor e os sacerdotes não conseguiram mais ficar em pé, pois a nuvem da glória do Senhor desceu, e encheu o lugar (2 Cr 5:13,14). As muralhas de Jericó caíram diante do som do louvor dos filhos de Israel (Js 6:13). Assim como a vitória do rei Josafá em 2 Cr 20.

A resposta de Deus vem dos louvores, seja na guerra ou na colheita, nas doenças ou na provisão. Você pode começar a louvar e aguardar a resposta dos céus.

Minha indignação é contra o mercantilismo gospel entre os "filhos de Deus". Pessoas mal se convertem e já têm um "chamado" para a música, querem sair pelo mundo a cantar, denominam-se levitas sem sequer saber a origem do nome; aliás, os únicos levitas que se aventuraram fora do acampamento reservado a eles por Moisés se deram mal, se desviaram do propósito, principalmente porque não deviam possuir herança entre os filhos de Israel.

Os músicos de hoje buscam notoriedade e uma boa conta bancária, ostentando um padrão de vida que não se parece com a humildade e simplicidade exigidas dos verdadeiros adoradores. Deus não aceita qualquer coisa, ou então não seria Deus.

Não há como separar adorador de adoração, quem canta e o que canta devem estar totalmente sintonizados com Deus. Você é adorador, mas não está apenas adorando. Seja no trabalho ou em casa, na igreja ou a passeio. Sua entrega reflete o nível de sua adoração.

Você tem prazer em Deus? A pergunta é pertinente, pois apenas os que O amam de verdade podem conhecê-Lo e viver agradavelmente para Ele. Que Deus também tenha prazer em estar contigo.

Você confia Nele? Saiba que em qualquer lugar desse mundo, seja em países mais desenvolvidos ou não, ricos ou pobres, igrejas ou empresas, e até mesmo em prostíbulos e bares, as pessoas dirão: "Eu confio em Deus, eu creio que Ele existe". Pois bem, empresto as palavras do pastor Antônio Cirilo, do programa *Santa Geração*: "É natural que confiemos em Deus, é inerente ao ser humano, a criatura confiar em seu criador. Mas o mais interessante é que Deus, o grande e eterno criador de tudo que há, confia em homens, sim, em muitas ocasiões nas Escrituras. Vemos Deus confiar em seus melhores servos, para que executem suas tarefas, confiar Seus segredos a quem Lhe é fiel, missões carregadas de honra para quem as executava. Então a pergunta é: Deus confia em você?".

É triste ver como os homens têm transformado algo tão agradável a Deus em mercadoria, o que afasta a presença santa do Senhor. Sua glória afastou-se do templo na visão de Ezequiel, por causa dos pecados de Israel, e o mesmo parece ter acontecido em nossos dias, mas infelizmente a maioria não enxerga. Por isso, repito: "Você confia em Deus?" E Deus... Ele pode realmente confiar em você?"

Estou queimando!

Qual a melodia dos pássaros?"
Porque quero aprender como cantam
Transmitir graça em cada tom.
Decorar o som do vento, assobiar
Exaurir todas as minhas forças com ao menos um sussurro.
E dizer: Eis-me aqui, toma minha vida para ti.
Não tenho nada, não sou nada, deixa apenas eu te amar.
9/11/2013

Capítulo 12
Pão e vinho

"E Melquisedeque, rei de Salém, trouxe pão e vinho, e este era sacerdote do Deus Altíssimo." Gn 14:18

Quanto mais olhamos para a Bíblia, mais encontramos as respostas e cremos que, aquilo que foi predito, acontecerá num futuro próximo. Isso nos faz entender as revelações de Deus com clareza, gravadas com letras eternas.

Uma delas lembra o sacrifício de Cristo. É o que representa as roupas que Deus fez para o casal do Éden, feitas de pele de animal. Não está escrito que Deus matou o animal, mas subentende-se, já que o animal precisava estar morto para que sua pele fosse retirada, mesmo que o Senhor pudesse trazer a roupa do céu. Qual o problema disso? O interessante é que Deus cobriu a nudez de Adão e Eva, e essa cobertura – *kaparáh* – simboliza a obra redentora que Cristo, o Messias, fez por nós na cruz.

Essa é uma de tantas revelações surpreendentes que a Bíblia nos traz. O tema fala sobre a nova aliança e a beleza dela no Antigo Testamento, o *Tanach* hebraico.

Começo lembrando sobre o encontro que Abrão – seu nome ainda não havia sido alterado – teve com Melquisedeque, o "Rei de Justiça". Melquisedeque era sacerdote do Deus

Altíssimo e rei de Salém – pode ser rei da paz, uma variante no hebraico para a palavra *shalom*. O nome, em certo sentido, pode ser uma referência distante a Jerusalém.

A referência à justiça é clara, pois *Malkhi* (rei de) *zedek* (justiça) significa exatamente isso. O rei justo vem ao encontro de Abraão, um sacerdote trazendo pão e vinho. O sacerdócio, porém, como ofício, veio muito tempo depois, quando Moisés instituiu Aarão e os levitas como ministros da aliança no Sinai. Daí a excepcionalidade do fato.

A junção entre Salém, que ficava na terra de Canaã, e Abraão, que tinha vindo de Ur, na Caldeia, demonstra como Deus estava reunindo as peças do quebra-cabeças. Abraão era o escolhido, por meio dele Deus formaria uma grande nação no mundo. O admirável ali é que o Senhor já tinha seus adoradores, mesmo numa nação considerada pagã.

O pão e o vinho – oferecidos por Melquisedeque – nas culturas antigas, eram a base da alimentação de todos os povos, especialmente nas comemorações. Por isso, não é estranho que fossem oferecidos a Abraão e seus amigos. O aspecto escatológico aqui é que a pessoa que sai ao encontro deles, após a batalha, é justamente um sacerdote do Deus Altíssimo "El Elyon". Mesmo que Abrão viesse a se tornar o "pai" na fé de todos os que creem, Melquisedeque – naquele momento – era maior que Abraão, pois foi ele quem o abençoou; nesse caso, o maior sempre abençoa o menor.

Em Gn 14:19 encontramos o primeiro registro sobre dízimo, ao entregar Abraão a décima parte de tudo que trouxera da guerra. Antes disso, ele não é mencionado na Bíblia, nem ao menos havia indícios de que seria incorporado à lei por Moisés. Isso é prova incontestável da fé que Abraão tinha em Deus, não uma obrigação, uma devoção.

Se alguém não faz isso, talvez não possua o conhecimento e a fé suficientes como Abraão; não estamos ligados pela lei, assim como Abraão, visto que a lei veio muito depois. Na dispensação da Graça, devíamos agir com graça.

"Considerai, pois, quão grande era este, a quem até o patriarca Abraão deu os dízimos" Hb 7:4. A lei mosaica viria muito depois, então ninguém pode considerar os dízimos como advindos da lei, mas incorporados: "E os que dentre os filhos de Levi recebem o sacerdócio têm a ordem de tomar (aceitar) os dízimos de seus irmãos, ainda que tenham descendido de Abraão" Hb 7:5.

Quando é estabelecida a aliança de Deus no Sinai, os levitas encarregados do ofício sacerdotal tornam-se os administradores dos dízimos. "E aqui certamente tomam os dízimos homens que morrem, ali, porém aquele de quem se testifica que vive." Hb 7:8.

Ao comparar os dois modelos, o escritor de Hebreus considera o sacerdócio eterno de Melquisedeque maior do que o de Abraão, para depois enfatizar a superioridade de Cristo em relação a tudo e todos.

Esclarece também que Levi, embora ainda não nascido de Jacó, que viria de Isaque, que viria de Abraão, já "estava nos lombos" do patriarca. Para Deus isso já vale.

Deus então quer nos ensinar a respeito das bênçãos impetradas sobre os ainda não nascidos. O fato de os dízimos serem incorporados à lei mosaica mostra o caráter transcendente, prática agradável diante de Deus; muitas outras coisas foram incorporadas à lei, por isso os dízimos precedem a lei por centenas de anos, para, só depois, fazer parte da lei.

Desde aquele tempo vemos pessoas que, à semelhança de Abraão, oferecem os dízimos a Deus pela fé, pois sem fé é impossível agradá-Lo. Não tenho a intenção de demorar-me mais sobre o assunto, falarei mais em outra oportunidade.

Quero apontar uma controvérsia entre os judeus, de fato, bem antiga, pela acusação que fazem a Jesus, por não ser da linhagem sacerdotal. Sabemos que os sacerdotes deveriam ser dessa tribo, ainda que as profecias mostrassem o messias vindo de Belém, em Judá. Os Salmos, em especial o 110, falam do Messias. Há um texto, inclusive, que o próprio Jesus usa como referência a si mesmo em Mt 22:41-46. Nesse Salmo 110:4, Davi descreve a autoridade sacerdotal do Messias (falamos de Cristo) "Tu és um sacerdote eterno, segundo a ordem de Melquisedeque".

Mesmo não sendo da tribo de Levi, ainda assim Jesus é sacerdote eterno, e por isso Hebreus 7:11 mostra a necessidade de que um sacerdócio perfeito se levantasse, não segundo Levi (Aarão) mas segundo Judá (Davi). No verso seguinte, o escritor revela a mudança na lei, visto que mudou o sacerdócio. Menciona a fraqueza da lei mosaica e sacerdotal, porque não conseguia aperfeiçoar ninguém. Os sacerdotes, que estavam sempre morrendo, eram substituídos por outros, mas Cristo, que é sacerdote eterno, não. É por isso que está sempre intercedendo pelos que são chamados por Deus (Hb 7:25).

Mas como todo sacerdote necessita de um lugar para ministrar, assim também Cristo, sendo sacerdote, deve estar ministrando em algum lugar. E está.

"Até que entrei no santuário de Deus" Sl 73:17. Foi Asafe quem disse isso, e posso emendar com o texto de Hebreus capítulo 9, que nos mostra Cristo, nosso sumo-sacerdote perfeito, entrando num santuário não feito por mãos humanas, no céu. E não entrou com sangue alheio, mas com seu próprio sangue, uma só vez, oferecendo a si mesmo como resgate pelos nossos, eternamente. Assim, é mediador de um novo testamento, o qual só teria validade com a morte do atestador. Por isso morreu e ressuscitou, estando diante de Deus eternamente. Jesus assentou-se à destra do trono da majestade, nos céus, e é "Ministro do santuário e do verdadeiro tabernáculo, o qual o Senhor fundou." Hb 8:2, Hb 1:3. Esse é o tabernáculo que está em Ap 15:5.

Todo nosso ritual de culto nas Escrituras veio de um modelo, como Deus disse a Moisés: "Faça tudo conforme o modelo que te foi mostrado no monte". Ou seja, se o homem foi feito "segundo a imagem e semelhança do criador", assim como o tabernáculo e muitas outras coisas aqui na terra, devo imaginar que tudo o que Deus recebe como culto e louvor também terão referencial no céu.

Abraão já dizia: "Deus preparará para Si o cordeiro para o sacrifício". Davi foi outro que revelou de onde vinham suas canções que mais tarde fariam parte do Saltério: "De noite sua canção estará comigo" Salmo 42:8. Deus lhe dava de noite a música, assim há muitas outras coisas que o próprio Deus prepara para Ele mesmo receber.

Ao vermos a descrição do santuário em Ap 15:5 e Hb 9:24, nos céus, onde o sumo-sacerdote eterno está, entendemos que o de Moisés era, de fato, transitório, e é por isso também que Jesus, após sua morte, pôde assumir o ofício diante de Deus em favor dos homens. Contrariando alguns, creio que o tabernáculo celeste, assim como o serviço do sumo-sacerdócio, findará na plenitude dos tempos, quando o plano de Deus, com a volta de Cristo e o estabelecimento do reino eterno se cumprirá.

Se com relação aos dízimos a prática é anterior à lei, aqui, no ofício sacerdotal, também. Pois Melquisedeque era sacerdote do Deus altíssimo centenas de anos antes da oficialização do sacerdócio, em Aarão, com a lei mosaica. Por isso também é que "os verdadeiros adoradores, adorarão ao Pai, em Espírito e em verdade", além das regras e leis, pois, tanto Abraão quanto Melquisedeque, serviram a Deus quando não havia templos nem pastores, diáconos ou grupos de louvor. Sem estrutura, mas com devoção.

Recentemente, no estudo de domingo, falávamos de Enoque, de como ele andou com Deus, e como Deus o tomou para Si. Alguns entendiam que a diferença em Enoque eram suas orações e jejuns, talvez porque vivesse nos montes orando ou porque lia a Bíblia o dia inteiro. Estou brincando, a Bíblia ainda não existia. Nada disso. Em uma comunidade tão antiga como aquela, na qual não existiam templos e sacerdotes, nem uma liturgia como a nossa, o que atraía a atenção de Deus nos homens? "O padrão moral".

Uma vida de respeito e ética, amor genuíno e desprovido de maldade, alguém parecido com Deus em essência. Por isso o exemplo de Melquisedeque e Abraão é relevante para nós, mostrando que Melquisedeque abençoou Abraão, e não o contrário, pois ele conhecia quem era o Deus Altíssimo, mais do que Abraão. Alguns escritores acreditam que Melquisedeque foi uma *Teofania de Cristo,* uma manifestação visível e encarnada de Deus no Antigo Testamento. Não devo descartar prematuramente isso, pois para Deus nada é impossível.

Muito depois, no monte Sinai, Moisés estabelece uma aliança entre Deus e o povo de Israel, e o sinal desse pacto foi o sangue aspergido sobre o povo, o qual Moisés denominou: "Este é o sangue da aliança". Na ocasião, Moisés profetizou: "O Senhor lhes despertará um outro profeta do meio de ti, a ele vocês ouvirão" Dt 18:15. Também em Jeremias, Deus revela uma nova aliança que viria, não como aquela do monte Sinai, borrifada com sangue: "Eis que farei com Israel e Judá, não como fiz com seus pais... Mas este é o concerto que farei convosco, porei a minha lei no seu interior (alma) e as escreverei em seu coração (não em tábuas de pedra) e Eu serei o seu Deus e vós sereis o meu povo" Jr 31:31-33.

Veio a plenitude dos tempos e Jesus nasceu, o verbo de Deus que era desde o princípio: Jo 1:1. É o verbo de Ap 19:13. É o caminho em Jo 14:6. Novo e vivo caminho: Hb 10:20. Ele é a estrela e a porta, o pão, o leão e o cordeiro, o curral e o aprisco, a escada, a luz e tantas outras coisas que poderíamos usar para descrevê-Lo.

Estando perto de sua morte, quando já havia celebrado a *Pesach* – a páscoa –, Jesus institui a nova aliança, da qual ele mesmo é o mediador, pelo seu sangue. E quais são os alimentos consagrados, abençoados e distribuídos a seus discípulos? O pão e o vinho.

Quando serve pão e vinho – à semelhança de Melquisedeque – Jesus revela o significado da cerimônia: "Porque isto é meu sangue, o sangue da nova aliança (testamento) que é derramado por muitos, para remissão dos pecados" Mt 26:28. Melquisedeque ofereceu pão e vinho a Abraão, e Jesus dá a seus discípulos, que já faziam parte da igreja, pão e vinho também. Agora, porém, o que está representado é a aliança eterna. Moisés borrifou sangue de animais no povo, mas Cristo derramou Seu próprio sangue pelos homens, e é por isso que pôde entrar no santuário celeste, sendo ao mesmo tempo o sacrifício e o sacerdote. Isso jamais poderia ser feito por um homem terreno, somente pelo celestial.

Ele é o caminho, a verdade e a vida, e ninguém vai ao Pai a não ser por Ele (Jo 14:6). E preparou um novo e vivo caminho (Hb 10:20). Quando Abraão e os reis que estavam com ele comeram o que Melquisedeque ofereceu, recobraram as forças da batalha. Mas em Jesus: "O pão que eu der é minha carne... Se não comerdes minha carne e beberdes o meu sangue não tereis vida" Jo 6:51-53. Por isso o pão e o vinho de Cristo são muito mais eficazes do que os de Melquisedeque.

A grande diferença entre as alianças é que, ao contrário da primeira, a segunda é definitiva; além disso, traz um alcance universal, não apenas para uma nação, mas a todos os povos e nações do mundo. Agora, todos têm o direito de serem chamados filhos de Deus. Como está escrito: "A saber, aqueles que creem em Seu nome" João 1. Então, o sangue da aliança que Cristo fez conosco é muito mais poderoso. E essa é a razão de muitas pessoas não discernirem a ceia do Senhor, de encontrarem-se sempre doentes e alguns outros que já morreram. A questão não é o alimento, é espiritual, onde a luz não se comunica com as trevas. Se alguém vive em pecado dissoluto e não quer se arrepender, a consequência é terrível.

Quem você acha que se assentará no trono em Ap 20:11? Não é aquele que o chama de "meu amiguinho", que está à sua disposição o tempo todo, que suporta sua vida dissoluta sem se importar com isso. Ele é tratado com desprezo por muitos ao redor do mundo, aqueles que nunca foram fiéis em nada. Mas naquele dia não será assim, o que se assentará no trono executará o juízo. Céu e terra fugirão de sua presença, e por causa das calamidades, as pessoas esconder-se-ão nas cavernas e montanhas dizendo: *"Esconda-nos da face daquele que vive e reina para sempre, do que se assenta no trono"*.

Ele não vai sorrir para você, acalmando-o e dizendo baixinho: "Eu estou só brincando, eu sou legal, você é meu amigo". Esqueça, isso não acontecerá ali. Ele irá sentenciar os condenados e sua face será uma mistura de ódio pelo pecado e de tristeza pela perdição daqueles que criou. A situação é grave. Será que o que está acontecendo no mundo dá a você a impressão de que tudo está bem, e que ainda vai demorar muito a volta de Cristo?

Não se engane, está para acontecer, e somente o que vencer herdará todas as coisas:

"Mas quanto aos tímidos e os incrédulos, abomináveis e homicidas, fornicadores e feiticeiros, os idólatras e todos os mentirosos, sua parte será no lago que arde com fogo e enxofre, que é a segunda morte" Ap 21:8.

A vida tem mostrado que nossa semeadura não é das melhores, muitos colhem com tristeza aquilo que plantaram há anos. Há um texto das Escrituras que incentiva o plantio correto, para uma colheita satisfatória: "Os que semeiam com lágrimas, voltarão trazendo consigo seus feixes e com alegria" Sl 126:5. Você não deve interessar-se apenas em semear com alegria, desejando que as lágrimas nunca venham, mas semeie com lágrimas, para depois – quando outros voltarem chorando – retornar alegre por causa de sua colheita.

É preciso tratar com mais respeito a presença de Deus em nosso meio, deve haver mais reverência. Em Isaías 6 vemos que Sua glória enche toda a terra, a todo instante, e não obstante, seus olhos estão sobre a terra procurando os fiéis. O senhor Jesus mesmo disse que: "O Pai procura adoradores que O adorem em Espírito e verdade". Será que Ele vê em você um adorador assim? Há plena certeza de salvação em sua alma? Quantas vezes você se arrepende pelos mesmos pecados que não quer deixar?

Não se iluda, se não se converteu ainda, admita, confesse seus pecados e os abandone de uma vez.

Percebo que o que mais afasta alguém do evangelho não são as lutas de cada dia, a mídia ou as tentações. Não, o que mais afasta as pessoas de viverem com Deus é o mal testemunho dos que frequentam as igrejas pelo mundo. Estes, como já disse, ainda não nasceram de novo, não são exemplo, mas no dia em que se tornarem fiéis, muitos outros desejarão fazer parte dessa família também. Por enquanto são, como Diz Pedro: "Nuvens sem água".

Quiero estar en tú presencia, y poder te contemplar
Quero estar em tua presença, e poder contemplar-te,
Necesito estar contigo, Necesito adorar
Necessito estar contigo, Necessito te adorar.
Da-me de beber, de tú manantial
Dá-me de beber do teu manancial
Da-me de beber, necesito más.
Dá-me de beber, necessito mais.

Letra de Marco Barriento

Capítulo 13
Humilhação

"Assim, Jesus também sofreu fora das portas da cidade, para santificar o povo por meio do seu próprio sangue. Portanto, saiamos até Ele, fora do acampamento, suportando (carregando) a vergonha, o vitupério e a humilhação que Ele suportou." Hb 13:12-13

Às vezes, o mais seguro é não fazer nada, ficar em casa, imitar o preguiçoso da Bíblia que disse: "Tem um leão lá fora, não posso trabalhar". Ficar acomodado em nossa zona de conforto enquanto a história acontece. Faço parte da história, ela existe antes de mim, e continuará a existir depois; a história é um registro, tanto o escritor quanto o leitor estão inseridos nela. O resultado de um trabalho complexo como o de escrever, por exemplo, deve produzir algo muito valioso, como a leitura. Escrever é registrar o trabalho da mente. Das minhas lembranças vem o que segue:

Lembro quando caiu neve em nossa cidade, alguns anos atrás, minha esposa e filha queriam tirar fotos daqueles flocos branquinhos caindo, algo incomum, pois havia muitas décadas que não ocorria neve. Minha esposa foi até a rua em frente ao apartamento para tentar segurar a neve um pouco em suas mãos, estava maravilhada, e com muito frio.

Nesse momento subia uma senhora pela rua, o guarda-chuva nas mãos. Havia muita gente na rua e ela pedia passagem; enquanto todos olhavam para cima, contemplando a bela natureza, ela não estava nem aí para o espetáculo, e seguia seu caminho. Para ela, aquilo não representava nada.

Assim é para muitos. Na Jerusalém dos tempos bíblicos também acontecia isso; ficar em casa era mais cômodo, sair era inconveniente, pois podia ser abordado por um cobrador de impostos ou um soldado romano. Haviam lugares macabros em volta da cidade, como o monte da caveira onde eram crucificados os criminosos, e o monturo, lugar onde o lixo era lançado pelo povo, assim como a carcaça dos animais oferecidos em holocausto: "Mas os corpos dos animais são queimados fora do acampamento" Hb 13:11.

Enfim, ninguém diria numa sexta-feira qualquer: "Vamos dar um passeio nos arredores da cidade, fazer um turismo?". Creio que a mãe não levaria sua filha para assistir à execução de um condenado, não era um entretenimento, não mesmo.

Quando Jesus foi executado, ou melhor – oferecido como sacrifício a Deus – cumpria perfeitamente o que exigia a lei. Levou os pecados para o madeiro, fora da cidade, carregou-os sobre si, libertando a humanidade. Ele havia sido rejeitado pelos seus concidadãos, pelos líderes religiosos, então, saiu para fora da cidade.

Em Isaías 53 vemos Jesus sendo humilhado e mesmo assim sem abrir sua boca para reclamar. O Senhor recusou o prazer, a fama, posição ou segurança que a cidade grande de Jerusalém poderia proporcionar. Estava dando sua vida l Co 11:23.32, que ninguém tinha o poder de lhe tirar. Ele assumiu publicamente a vergonha por nossos pecados, suportando a dor, e para nos santificar, sofreu do lado de fora dos muros. Nesse momento, descubro nossa grande oportunidade, a salvação para todos nós. O cordeiro de Deus foi imolado por nós. Ao expirar, foi levado direto ao túmulo que pertencia a José de Arimateia, para aguardar a ressurreição.

Nossa maior dificuldade hoje é entender e aceitar o sofrimento. Ninguém ousa sequer pensar no sofrimento como parte necessária à vida cristã, ao menos ainda não li nenhum livro que ensine alguém a sofrer, enfrentar o sofrimento com a coragem de Cristo. Pelo contrário, milhares de livros ensinam técnicas para desviar de todo tipo de sofrimento – a autoajuda –, escondendo das pessoas textos bíblicos que explicam não apenas a razão, mas também como enfrentar o sofrimento.

Não sou ignorante a ponto de pedir-lhe para buscar sofrimento, longe disso. O que estou dizendo é que "tome a sua cruz e siga-me" não se parece com a vida dos servos de Deus atualmente, cercada de luxo e conforto. Estou certo, porém, que "sair até ele fora dos portões, carregando seu vitupério" deve ser norma, não exceção. Estou convicto de que alguns cristãos não suportariam qualquer sofrimento por amor a Cristo, ao contrário, apostatariam imediatamente, negando a fé no primeiro sinal de dor. Seu lema é: "Não vou enfrentar nenhuma luta ou sofrimento, pois o mestre tudo sofreu por mim". Eu diria assim: "Não vou fugir dos sofrimentos nem da dor, serei forte até o fim, pois meu Senhor suportou tudo pela minha vida, então vou levar minha cruz, até o fim".

A palavra que diz: "Receber cem vezes mais já no tempo presente em casas, irmãos, irmãs, mães, filhos e campos, e com perseguição; e, na era futura, a vida eterna" Mc 10:30, não mudará o teor, a perseguição será a marca do cristão.

Os escritores do Novo Testamento entendiam tudo sobre perseguição, quem não foi assassinado no início da igreja, enfrentou açoites, apedrejamento e prisão, foram expulsos das sinagogas, sofreram calúnias e tantas outras perseguições terríveis. Ainda hoje é assim para os fiéis que estão ao redor do planeta. Infelizmente, muitos vêm a Cristo para melhorar de vida, quando, na realidade, deveriam vir a Ele porque é nossa única esperança de salvação e não para encaixá-Lo no viver medíocre e mesquinho que têm.

João diz: "Filhinhos, não ameis o mundo e nem o que no mundo há". O que acontece hoje não é novo – como alguns esboçarem uma conversão momentânea e emotiva que não procede do coração –, isso já acontecia na igreja primitiva. Demas é um exemplo daqueles que se afastaram por amar "o presente século" (2 Tm 4:10). Imagino o que seria mais interessante para Demas do que andar ao lado do apóstolo Paulo, ver os sinais que realizava, ouvir sua doutrina e conselhos, partilhar de suas viagens e aventuras surreais por cidades pequenas que o tratavam com a honra que só os filhos de Deus possuíam.

O que significa amar o presente século?

O prazer, a riqueza e a fama? Um cargo de autoridade? Dinheiro fácil? Escolha uma opção, pois não sei o que foi; o que sei é que para dedicar amor, demanda tempo e até o uso de seus recursos, além disso, você "não servirá a dois senhores ao mesmo tempo", disse Jesus. Na mensagem do ministério *Voltemos ao Evangelho*, John Piper diz que isso também pode acontecer conosco. Se aceitarmos o mundo com normalidade, nos acostumarmos a ele, nos acomodarmos diante de situações que em outra época nos fariam tremer e agir com mais seriedade e austeridade, cairemos também.

O que o texto de Hebreus está sugerindo ao dizer para sairmos até Jesus fora dos muros?" É sair *para* ou sair *de*? Já voltaremos ao assunto.

Em um certo momento, o Senhor pede para que seus discípulos fiquem na cidade. Ele disse: "Ficai em Jerusalém [até] que do alto sejais revestidos do poder". Nesse caso era para ficar na cidade, não sair, mas esperar o que estava para acontecer, algo que mudaria o curso da história, a descida do Espírito Santo no início da Igreja. Depois disso, a Igreja de Cristo não ficaria mais confinada em Jerusalém, mas sairia para pregar o evangelho em "Judeia, Samaria e até os confins da terra" At 1:6.

Creio que o pequeno grupo que seguia Jesus naquele momento não tinha consciência do que representava "confins da terra", pois muitos nunca haviam sequer saído de Israel. Aqui, o sair para fora significava espalhar as sementes do evangelho.

Há um outro significado para "sair fora" representado no próprio nome da Igreja. Etimologicamente, a palavra *ekklesia*, no grego, é composta por dois radicais: *ek* (para fora) e *klesia* (chamados).

Então, a definição seria: "chamados [para] fora". Mas chamados para fora do quê? Há várias interpretações para isso, mas as que prevalecem são duas, bem distintas. A primeira aponta para a separação do judaísmo; foi dali que Cristo veio, como afirmou à mulher Samaritana, "a salvação vem dos judeus". O judaísmo foi embrionário, mas os filhos seriam do mundo todo. Com seu crescimento, a Igreja conquistou membros de muitas nações, e em retaliação, houve ataques de todo lado, no corpo e no espírito. Principiando pelos judeus, que insistiam no legalismo, afirmando a importância de se observar as leis judaicas para se chegar a Deus.

Mas Paulo, grande defensor da fé genuína e da salvação pela Graça, nos ensina a não permanecer mais debaixo da velha aliança, e sim "sair para fora dela", pois, até ali, a lei não tinha tido êxito. Portanto, sair para fora é também a oportunidade de deixar o legalismo aceitando o sacrifício que Cristo fez como suficiente. Uma outra maneira de ver isso é entender que sair para fora era a demonstração pública dos convertidos, em afastar-se dos rituais religiosos da época, sistemas e filosofias, costumes e culturas que juntavam tudo em um ecumenismo diabólico, a ponto de serem chamados "iguais", pois faziam parte de um mundo dominado pelo mal.

A igreja devia sair para fora desse sistema mundano que os prendia. Por isso o Senhor disse: "Se o filho vos libertar, sereis livres".

Mas não devemos ver apenas esses significados, não. Essa é uma exortação aos que estão em Cristo, que sua conversão seja genuína, que os filhos sejam cada vez mais parecidos com Ele, com o Jesus histórico e racional. Estar em Cristo é o mesmo que estar com Cristo, não apenas conhecê-Lo, mas carregar a "vergonha e o vitupério". É o mesmo que levar a cruz, e qualquer que a leve não agradará a todos, principalmente nessa cultura podre em que vivemos.

A própria família se afastará de você e o isolará, pois não entenderão sua fé e obras. Mas, e daí? Se foi essa a maneira que o Senhor o chamou para testemunhar Dele, que assim seja. Em dor, sofrimento e sendo zombado por outros. Saiba que muito pior fizeram a Ele. Foi isso que disse: "Se fazem isso ao madeiro verde, que dirá ao seco" Lc 23:31.

Ser testemunha de Cristo requer honestidade e santidade. Havia sérias advertências aos que cometiam perjúrio, por isso as testemunhas de Cristo devem combater a falsidade e não se moldar a paixões humanas. Creia que as coisas que acontecem têm origem Nele, pois é Ele que permite situações extremas em sua vida para que você possa ser testemunha de Seu grande amor.

É escandaloso o modo como nos tornamos consumistas e já não temos a mesma paixão ardente em nossos corações – falta uma vida de extrema comunhão com Deus. A palavra do momento é *ter*.

Veja, Abraão deixou sua casa e parentela, Eliseu sua fazenda e seu trabalho, Barnabé vendeu sua propriedade e deu o dinheiro aos apóstolos, que repassaram aos pobres, alguns discípulos largaram as redes, a coletoria e a profissão. Na verdade, o evangelho começa deixando coisas por amor a Deus, negar a si e amar a Deus mais do que a própria família (Mc 10:29).

Conhecemos a parábola do bom samaritano, não é mesmo? Então me responda: Para quem ele levava o óleo, o vinho e o dinheiro? Para uso pessoal, com certeza. O fato é que ao se compadecer de um estranho, um desconhecido qualquer, ele lhe oferece os primeiros socorros. Após isso, leva o necessitado a uma estalagem e recomenda cuidados, paga as despesas e depois segue viagem nos deixando um grande exemplo. Doar-se, atender com amor.

As pregações de hoje dizem para você ter mais, muito mais, cada vez mais. E para que tudo isso? O evangelho é para obter vantagem? Saia fora disso, vá até Cristo e leve sua vergonha e humilhação, sofra a afronta, sofra o dano: "Os apóstolos saíram do Sinédrio, alegres por terem sido considerados dignos de serem humilhados por causa do Nome" At 5:41. E "O fato de haver litígios entre vocês já significa uma completa derrota. Por que não preferem sofrer a injustiça? Por que não preferem sofrer o prejuízo?" 1 Co 6:7.

Os apóstolos se alegravam em sofrer humilhações em nome de Cristo, mas muitos hoje reclamam ao serem humilhados. Sei que Cristo não mudou, se os cristãos primitivos sofreram por Seu nome, por que você ficaria isento de sofrer? "Meus irmãos, considerem motivo de grande alegria o fato de passarem por diversas provações" Tg 1:2.

Há um texto impactante em Lamentações: "Eu sou o homem que viu a aflição trazida pela vara da sua ira" Lm 3:1. Continua: "Ofereça o rosto a quem o quer ferir, e engula a desonra" Lm 3:30. Outra: "Porque não é do seu agrado trazer aflição e tristeza aos filhos dos homens" Lm 3:33. Mais uma: "De que se queixa, pois, o homem vivente? Queixe-se cada um dos seus pecados." Lm 3:39, ou "Tu nos tornaste escória e refugo entre as nações". Lm 3:45. E esta: "Meus olhos choram sem parar, sem nenhum descanso". Lm 3:49. Esse é apenas um panorama sobre suportar os sofrimentos, fartar-se de afrontas.

Talvez você queira apenas uma vida comum, sem riscos, gozar de boa saúde, possuir riquezas e bens, sucesso na vida. Como pode contemplar o Salvador sangrando na cruz por você e continuar em seu estado miserável de pecador?

Vemos Jesus mais como um solucionador de problemas para alguém que, a qualquer momento, clamará por socorro e será atendido, mas não O adoramos pelo que Ele é. É como aquele que vai ao médico quando sente dor ou ao advogado quando tem problemas jurídicos. Viver intensamente com Cristo, no entanto, não passa pela sua cabeça. Afinal, você deseja muitos amigos e não está disposto a abrir mão de nenhum deles por Jesus, então, é melhor não se envolver demais, deixe isso para os fanáticos, os radicais, aqueles que têm um chamado. Esse é você?

Preste atenção! Dê uma olhada à sua volta e vai ver que o mundo passa bem depressa; ele não melhorou em nada e o que está escrito tem se cumprido a cada dia. Você tornou-se uma pessoa morna, e todos sabemos o que Ele fará com os mornos.

Responda: "Jesus o chamou para mudar o mundo"? As Escrituras são claras, esse mundo vai passar, e a ordem é para salvar almas. Prepare-se, igreja, como noiva do cordeiro esperando sua volta, não acumule coisas que só trazem satisfação aos que ficarão aqui. É tempo de mudar. Há um fato interessante no livro de Juízes, quando Débora era profetiza, e julgava Israel. Houve batalha contra os inimigos e Deus salvou e livrou seu povo dos que lhe oprimiam. Parece que a tribo de Ruben não participou ativamente daquela batalha. Então a canção de Débora faz menção a isso, dizendo: "Mas por que você permanece no curral das ovelhas a ouvir a flauta do pastor tocando para o rebanho?" Jz 4:4, 5:16. "Nas divisões de Ruben houve muita inquietação, houve muita indecisão". Enquanto todas as tribos se envolviam, uma delas não mostrou muito interesse, talvez fosse muito perigoso, não sei. O que sei é que, em nossos dias, há muitos querendo ficar dentro do curral, apenas ouvindo seu pastor, uma vez por semana recebem o alimento, mas se esquecem de cavar sua própria cisterna.

Homens dependentes de homens, alienados espirituais e sem conteúdo, sem história pessoal e sem testemunho de vida. E dizem: "Eu não tenho que saber de nada, pois meu pastor, ou alguém, vai orar por mim".

Creio que o mundo está farto de amuletos e lembrancinhas de campanhas de igrejas, toalhas, terra de Israel, azeite e sal grosso, tudo funcionando como "afasta mau-olhado", e de profecias que não dão em nada, feitas por quem não tem compromisso algum com a cruz de Cristo. Homens iludindo homens, presos a sanguessugas, que pensam que a vida se resume a sexo, dinheiro e diversão, que compram tudo apenas para a própria ostentação. Estão enganados, há muito mais nessa vida, um mundo ainda não conhecido ou explorado, onde a presença santa de Deus fará coisas que nunca subiram ao coração do homem, uma intimidade com Deus que só os que são Dele, literalmente, terão. Preciosos momentos de comunhão, sem a necessidade de multidão, mas que podem acontecer em um lugar solitário, onde só você e o Pai estarão. O mundo não pode oferecer-lhe isso.

Portanto, saia para ele fora dos portões da ignorância e do comodismo, não queira a paz que o mundo oferece a preço de banana, mas que dura pouco, onde a ganância o torna um acumulador, onde a traça e a ferrugem consomem e onde os ladrões minam e roubam. Em vez disso, apresente-se ao Senhor com obras de justiça, dignas de servos, de filhos legítimos.

Faça alguma coisa, urgentemente.

Imagino como era agradável para as ovelhas ficarem ouvindo a canção do pastor, o som da flauta, reunindo o rebanho com a doce melodia. A vontade era permanecer ali, seguro, longe do perigo. Mas lá fora, campeia a guerra e os soldados lutam para defender a nação do inimigo, se ele romper o muro destruirá o aprisco, aí não haverá flautas nem canções, nem segurança, nem ovelhas, nem pastor.

Sei que o início da fé é cercado de emoções e manifestações da graça de Deus, todos gostaríamos de permanecer assim por toda a vida, mas chega um momento em que é necessário fazer mais do que ouvir. Temos de agir.

Veja o que diz a palavra:

> "Portanto, deixemos os ensinos elementares a respeito de Cristo e avancemos para a maturidade, sem lançar novamente o fundamento do arrependimento de atos que conduzem à morte, da fé em Deus, da instrução a respeito de batismos, da imposição de mãos, da ressurreição dos mortos e do juízo eterno. Assim faremos, se Deus o permitir" Hb 6:1-3.

Todo velocista usa mais força depois da largada – Usain Bolt é um exemplo disso. Depois da largada um tanto lenta, o ritmo inicial vai crescendo, vai aumentando, até chegar à explosão final. O mesmo acontece com as crianças, como Paulo nos revela ao escrever: "Quando eu era menino, falava como menino, pensava como menino e raciocinava como menino. Quando me tornei homem, deixei para trás as coisas de menino" 1 Co 13:11. Você não ficará criança para sempre, já passou a fase da papinha e do leite, de soletrar as primeiras frases gaguejando. Agora é a idade adulta, portanto deve agir como adulto, pois o pecado está à porta; vamos ser sóbrios e vigiar, porque aquele que está em pé pode cair.

Um ingrediente básico da fé cristã é a humildade, ou a humilhação. Há duas formas básicas de humilhação: a primeira é quando somos humilhados por outros, gostemos ou não, seja no trabalho, no seio da família ou até na igreja. Nós nos sentimos humilhados, sabendo que não merecemos tal atitude das pessoas, mesmo que tenhamos culpa pelos nossos erros, é demais o desprezo recebido. Há casos em que essa humilhação vem de pessoas acima de nossa autoridade, nossos líderes. É muito triste, eu sei, perdemos o chão e sentimos um vazio tremendo, que corrói. Mas isso vai passar. A outra, diferente dessa, é a das atitudes pessoais, decisões particulares e disciplinadas que nos farão inevitavelmente sofrer a humilhação dos homens, e principalmente a de Deus. Todos irão em uma direção e nós em outra, coisas que trarão sofrimento amargo, mas com propósito eterno. A palavra nos diz: "Pois é melhor que padeçais fazendo o bem do que ser condenado por fazer o que é mal".

Humilhar-se diante de Deus é escolher a melhor parte, por abnegação, por não se sentir superior a ninguém e saber que toda honra é dele. Você escolhe a parte menor e menos valorizada. O melhor exemplo está em Hebreus 11:

> "Pela fé Moisés, já adulto, recusou ser chamado filho da filha do faraó, preferindo ser maltratado com o povo de Deus a desfrutar os prazeres do pecado durante algum tempo. Por amor de Cristo, considerou a desonra riqueza maior do que os tesouros do Egito, porque contemplava a sua recompensa" Hb 11:24-26.

Mastigue as palavras "preferindo ser maltratado" e "considerou a desonra riqueza maior". Isso chama-se escolha e qualquer um de nós pode fazer, mas a maioria não faz porque parece loucura. Quem deixaria o luxo do palácio para sofrer ao lado daqueles que o desprezariam? Quem quer ser maltratado e desonrado?

Em nossas igrejas, somos incentivados a buscar o primeiro lugar, ganhar mais e viver confortavelmente, o resto não nos interessa; isso é muito triste, e uma utopia.

Davi, o rei, tem uma experiência com a humilhação: ao entrar na cidade dançando em frente à arca da aliança, pratica algo agradável à Deus, é tremendo. Mas nem todos admiram, como sua esposa Mical, que lhe repreende por sua dança. No entanto, o rei lhe responde:

"E ainda mais do que isto me tornarei desprezível e me humilharei a meus olhos; mas das servas, de quem falaste, delas serei honrado" 2 Sm 6:22.

Ainda que outros achem loucura o que você faz para Deus, ou muito humilhante, não se importe com eles, maior é o que está em você.

Isaías 53 diz: "Ele foi humilhado e não abriu sua boca". Tomara que o Senhor encontre pessoas assim em nossos dias. Tomara.

Para Ele, feliz é quem chora, rico é quem não tem nada.
Mais sábio é quem é louco e maior é quem serve.
Ser insultado é privilégio e o fraco é que é forte.
Dar é melhor que receber e os últimos serão primeiros.
9/4/2014.

Capítulo 14
TEMPO DE TIRAR A ARMADURA

"Então Saul vestiu Davi com sua própria túnica. Colocou-lhe uma armadura e um capacete de bronze na cabeça. Davi prendeu sua espada sobre a túnica e tentou andar, pois não estava acostumado àquilo. E disse a Saul: 'Não consigo andar com isto, pois não estou acostumado'. Assim tirou tudo aquilo."
1 Sm 17:38-39

Com a falta de referências hoje, temos de buscar modelos bíblicos que possam estimular nossa caminhada cristã. Nossas lutas, descritas em Efésios 6, revelam a dimensão do confronto que enfrentamos todos os dias. No entanto, em batalhas como essas, não podemos usar qualquer estratégia. O desafio é se manter firme no ambiente que nos cerca, seja em uma festa, celebração ou evento, por exemplo, em meio às tentações, o verdadeiro filho de Deus permanecerá em pé.

Lembro de uma vez, no início do ministério, recém-casado e pastoreando em uma cidade pequena. Um amigo, obreiro de outra denominação, convidou-me a levar uma palavra no culto de sábado. Ao sair de casa, não pensei em colocar um terno, pois fazia muito calor naquela região. Também não usei gravata, mas para a ocasião, pensei estar bem-vestido.

Sabe o que aconteceu? Fiquei o tempo todo sentado no mesmo lugar, não fui apresentado sequer como visitante. Isso deixou muito chateado o irmão que me convidara, mas guardei aquilo como um grande aprendizado, para não fazer igual, afinal, deveria conhecer os modos exigidos por tal lugar. Hoje em dia, luto contra esse tipo de liturgia, convenções e mesuras instituídas por homens ridículos, que ostentam um modo de vida legalista, mas que no fundo, estão longe do zelo verdadeiro que Cristo tem com a igreja.

É claro que a ocasião pede a vestimenta certa, seja uma armadura ou outro traje qualquer, mas não é a roupa que me representa. Somos agradáveis a Deus pelo interior, já para o ser humano, o que mais importa é o exterior. Infelizmente.

Não devemos nos esquecer, porém, que é o próprio Deus que nos dá condições de estarmos em Sua presença. Começando no jardim do Éden: "O Senhor Deus fez roupas de pele e com elas vestiu Adão e sua mulher" Gn 3:21. A primeira roupa que alguém vestiu, melhor que qualquer grife. O homem pode usar qualquer tipo de roupa, mas, no dia em que encontrarmos o Senhor, apenas uma roupa será necessária:

> "Eis que venho como ladrão! Feliz o que permanece vigilante e conserva consigo as suas vestes, para que não ande nu e não seja vista a sua vergonha" Ap 16:15.

E "E foram dadas a cada um deles compridas vestes brancas" Ap 6:11. E mais "O linho fino são os atos justos dos santos" Ap 19:8.

As vestes brancas. Há muitas suposições sobre o que seria essa tal "veste de justiça". Vamos tentar analisar com o que temos. Em Gênesis, Deus mesmo fez as roupas para esconder a vergonha de Adão e Eva, e, em Êxodo, temos as roupas de ofício sacerdotal: "Para o seu irmão Aarão, faça vestes sagradas que lhe confiram dignidade e honra" Êx 28:2.

Por ministrar no altar do Senhor, Aarão e seus filhos deveriam se vestir corretamente, para que quando Deus viesse na nuvem, aceitasse os sacrifícios e as orações. Nós também devemos cuidar disso ao cultuarmos e adorarmos a Deus, não de forma legalista, mas com dignidade.

Não devemos confundir "louvor extravagante" com vestes extravagantes. Quando a roupa chama mais a atenção do que a personalidade e o caráter de alguém, estamos focalizando o alvo errado.

Poderia escrever muitas páginas sobre "estar bem vestido para Deus", mas, como o objetivo do capítulo é outro, não vou demorar mais aqui.

Davi, ainda não empossado como rei, todavia já ungido para isso, não podia usar aquela armadura para guerrear contra Golias; e ele disse o porquê: "Não estou acostumado a usar isto". A falta de costume produz a inexperiência, muito embora Davi tivesse dito ao rei que com suas mãos havia matado um leão e um urso que tentaram atacar as ovelhas de seu pai, e não fez isso com armadura. Na batalha contra o filisteu, sua roupa de pastor não era apropriada, mas a valentia provaria ser a mesma.

Mesmo que você não entenda de guerras e batalhas, deve concordar que o que estiver mais bem preparado levará vantagem na disputa. É questão de lógica. Sabemos, porém, que para Deus nem sempre é o favorito quem ganha, principalmente quando envolve homens; as estatísticas geralmente falham.

Você pode não ter uma armadura de bronze, mas se tiver as "vestes da justiça", alcançará vitória. Deus está sempre vestindo os homens com a roupa de santidade, não é mérito humano, é Deus mesmo que escolhe e capacita pessoas para si, não por obras, para ninguém sair por aí contando vantagem. Servir a Deus tem sido um grande desafio, pelo menos para quem O ama de verdade. Mas há propaganda enganosa por aí, e isso fica claro quando ouvimos pessoas testemunhando suas conquistas.

Parece muito com "a corrida do ouro", do início da colonização americana. O evangelho tem sido oferecido de forma comum, barata. É preciso tomar cuidado. Outro perigo é parecer com o povo de Israel que saiu do Egito – todo dia precisava acontecer um milagre, senão o povo se corrompia.

Condicionar a fé aos sinais é um erro, debruçar-se sobre o altar em lágrimas buscando o favor de Deus, chorando sobre ofertas trazidas, entristece o Senhor. Não foi esse o erro de Israel? "Há outra coisa que vocês fazem: enchem de lágrimas o altar do Senhor; choram e gemem porque Ele já não dá atenção às suas ofertas nem as aceita com prazer" Ml 2:13.

E ainda tem os que se especializaram na "cura", como se terceirizassem a graça de Deus.

Um dia desses, ouvi um jovem falar sobre o seu sonho – não confunda com chamado –, que era viajar pelo mundo curando pessoas. Ele me perguntou o que eu achava disso. Então, devolvi a ele a pergunta: "Você já leu toda a Bíblia Sagrada?" Sua resposta foi negativa. "Você ora ao menos uma hora por dia?" Mais uma vez a resposta foi "não". Aconselhei o jovem a cursar uma faculdade de medicina, se possível, e depois de formado, fazer parte de uma ONG, como a dos Médicos Sem Fronteira, por exemplo. Assim, com certeza poderia curar muita gente pelo mundo.

Até hoje espero ele voltar à igreja, mas creio que não virá mais.

Percebe a mentalidade dos jovens? Parece realmente um *glamour* o que mostram na mídia; eles não sabem, porém, que as imagens são editadas e os erros não aparecem. O que poderiam fazer – é somente uma alegoria – é uma disputa por santidade, quem está disposto a deixar as vaidades pessoais, ver quem ora mais e ajuda mais o próximo.

Gostaria de falar aqui dos santos que já pisaram na terra, homens e mulheres que alguns de nós nem ao menos conseguiríamos ficar perto, tal a santidade e o temor que tinham.

A vida de Rees Howells, por exemplo, é retratada no livro *O intercessor*, de Normam Grubb. Dizem que houve um ano em sua vida em que orou doze horas por dia, todos os dias, exceto no dia da morte de sua mãe. Em plena Segunda Guerra, Deus atendeu às orações que fazia junto com dezenas de irmãos, mudando o curso da batalha da Grã-Bretanha.

Outro foi David Brainard, que pregou às tribos indígenas americanas. Certo dia, quando caía pesada neve, começou a orar cedo, estando ainda escuro, e passou o dia inteiro em oração, a ponto de, ao fim do dia, a neve à sua volta se derreter, tal a intensidade como orava.

John Bunyan – contemporâneo de John Owem – foi outro que, além de ficar por doze anos em uma prisão, condenado por pregar a palavra, ainda teve de ouvir sobre a morte de seus queridos. Por fim, em meio a tanto sofrimento, deu ao mundo um dos livros mais vendidos em toda a história: *O peregrino*.

Posso citar também Charles Finey, John Wesley, Leonard Ravenhill, Spurgeon, Jonathan Edwards, Adoniram Judson e centenas de outros que são heróis da fé moderna. A lista bíblica é ainda maior: Noé, Daniel, Moisés, Elias, Abraão e inúmeros outros iguais a eles, os quais são como uma seta em nossa vida, mostrando-nos que é preciso fazer mais quando nos aproximamos do Salvador.

Acredito que, assim como Davi, antes de ir à batalha temos de escolher quais as armas que devemos usar, qual roupa é mais adequada e qual a melhor estratégia. Quase sempre não iremos seguir o padrão do mundo, as regras dos homens. No caso de Davi, primeiro vejo ele demonstrar mais coragem que seus irmãos: "Ninguém deve ficar com o coração abatido por causa desse filisteu; teu servo irá e lutará com ele" 1 Sm 17:32. Segundo, como não é a roupa que faz o indivíduo, o que está por dentro é que tem maior importância. O que falta na maioria, hoje, chama-se "coragem"; seja diante do visível ou do invisível, e muitos correm.

Os motivos para Davi enfrentar o gigante eram claros: "Pois desafiou os exércitos do Deus vivo" 1 Sm 17:36. É comum pessoas defenderem seu quinhão, seu portão, seus bens. Mas, quando encontramos alguém como Davi, para quem defender a honra do Deus de Israel era mais importante do que defender as ovelhas de seu pai, temos esperança. Ao ver as afrontas do gigante, Davi não pensou em ovelhas, e sim nos filhos de Israel. Sabia que uma derrota naquelas circunstâncias acabaria com o moral do exército, e, mais que isso, que qualquer vitória dele seria a vitória do Senhor. Por isso disse: "Esse filisteu incircunciso será como um deles, pois desafiou os exércitos do Deus vivo" 1 Sm 17:36. E ainda: "O Senhor que me livrou das garras do leão e das garras do urso me livrará das mãos desse filisteu" 1 Sm 17:37.

Essa é a fé que Deus quer ver nos seus filhos, como a que Davi tinha. Mesmo diante de uma peleja como essa, seja para viver ou morrer, pelo muito zelo que tinha por Deus, enfrentou o perigo acreditando que Deus o salvaria das mãos do Filisteu. Você pode apenas querer celebrar a vitória de Davi junto com as mulheres, que cantaram: "Davi matou mais pessoas que Saul". Pense, porém, qual o galardão dos soldados que imitam a fé e a coragem de Davi, que podem ser suas também. Tempos depois de matar o gigante, a coragem de Davi o inspirou a formar um exército pessoal de guerreiros destemidos, cujos nomes estão na galeria dos heróis de Davi.

A armadura descrita em Efésios não é de maneira alguma física, de bronze, ferro ou qualquer material humano. Porém, só será recebida por aqueles que fazem a vontade de Deus. Ao ofender a Deus, Golias enfrentaria uma batalha mais espiritual que física, e para isso não seria preciso armadura. O homem de Deus deve vestir a roupa espiritual da humildade, que as pessoas comuns não enxergam, ali está a bravura para vencer. Fomos chamados para servir em meio à corrupção e imoralidade do mundo, não podemos nos manchar com a sujeira dos que praticam a maldade, pois somos separados para Deus.

Ainda que Davi não tivesse nenhuma obrigação para com o exército – já que não era alistado entre os soldados – manifestou, no entanto, seu amor por Deus. Hoje, alguns diriam: "Isso não tem nada a ver comigo". Sairiam de fininho e preservariam sua vida. Mas os separados, verdadeiros adoradores, se manifestarão em qualquer lugar, sem se importar com a vergonha nem a exposição. Decida hoje se quer preservar sua vida, morrendo em boa velhice (mas sem o depósito da fé) ou viver nos perigos diários por ser zeloso e depender da graça de Deus todos os dias.

Enfrentar desafios em nome da fé, não compartilhar os erros de uma cultura falida, preferir a Deus do que os amigos. O que vai ser?

É certo que o pequeno Davi teve medo quando foi encontrar-se com Golias, que era soldado desde sua juventude. Talvez tenha dito em seu coração: "É por Ti que lutarei Senhor, me ajude a honrá-Lo hoje". Não sei se foi isso que disse, mas sinto o mesmo quando tenho de enfrentar as batalhas em minha vida, pedindo forças a Deus, sempre. Davi não fez por obrigação, a responsabilidade era dos soldados. A obrigação para ele era moral, como quando um pai diz a seu filho: "Cuide como anda, não vá manchar meu nome". Coisas que fazem pressão para preservar o bom nome da família.

Mas não deve ser assim, sempre. Deus quer você fazendo o que é certo, não porque é obrigado, como disse em Gênesis:

"Se você fizer o bem, não será aceito?" Gn 4:7, mas simplesmente por ser correto. Ao fazermos o que é certo, como Deus deseja, somos parecidos com Ele.

A armadura significa proteção e defesa para não sermos feridos em combate. Para Davi, porém, foi diferente. Ele não queria se defender, queria atacar. Então por que vestir uma armadura pesada que dificultaria seu caminhar? Tirar a armadura não significa fugir da peleja, pelo contrário, é reconhecer que nossa luta não é da maneira do mundo. Responda-me: "Que diferença faz uma roupa camuflada, como a do exército, se aquele que a veste é um covarde?". Assim como vontade é diferente de habilidade, força difere de sabedoria e a estratégia da execução, a fé sem as obras é morta. Somos parecidos com os fariseus hipócritas que limpavam o exterior de tudo, mas o interior estava cheio de imundícias.

Davi tinha espírito pastoral, por isso voltou a colocar sua roupa de pastor. Antes de encontrar-se com Golias, ele desceu ao riacho próximo do acampamento e apanhou cinco pedras "lisas" para colocar em seu alforje. A funda, que era sua arma (naquele tempo a funda não era para brincar ou caçar passarinhos), estava preparada. Há um relato sobre a habilidade dos fundeiros: "Dentre todos esses soldados havia setecentos canhotos, muito hábeis, e cada um deles podia atirar uma pedra com a funda num cabelo sem errar." Jz 20:16. Esse é o registro da funda como arma de guerra. Davi sabia usá-la muito bem.

O que me intriga são as "cinco pedras lisas", pois, se fossem pontiagudas, entrariam com facilidade no gigante. Contudo, aí seria mérito de Davi. Deus se mostra presente na batalha ao fazer com que, mesmo lisa, a pedra penetre na face do gigante, cravando-lhe na fronte. É um milagre. E Davi só precisou usar uma pedra das cinco escolhidas, prova de que Deus, estando na batalha, fará todo alvo certeiro.

Com tanta gente de armadura, faltam aqueles que sabem usar uma funda.

Deus quer certamente que seus filhos se vistam bem para a batalha, é verdade, mas o que mais importa não é a elegância, é a coragem. Saul estava cercado de bons soldados, todos de armadura, mas nenhum foi capaz de aceitar o desafio do gigante. Davi aceitou. Talvez tenha pensado: "Esse sujeito é muito grande, não tenho como errar a pedrada". Já os soldados, devem ter pensado: "Esse homem é grande demais, não vai errar o primeiro golpe que der".

Pensamentos diferentes, homens diferentes.

Se acompanhar a multidão, você vai parar junto com ela, mesmo que esteja de armadura. Mas se há em você o mesmo espírito que havia em Davi, talvez haja esperança na batalha. Davi foi um homem de atitudes diferentes, não só na batalha contra Golias, mas quando trouxe a Arca da Aliança para Jerusalém, também. Nesse dia, ele veio dançando diante da arca, e sua esposa Mical, quando o viu, o reprovou por isso, pois jamais algum rei agira daquela maneira. O rei armou uma tenda para a arca, chamada mais tarde de "Tabernáculo de Davi". Foi algo inédito, pois o tabernáculo em Siló ainda existia. Deus se agradou disso também.

E você, o que tem feito para tocar o coração do Pai? O que o torna diferente dos outros?

Davi era um homem como outro qualquer, mas fez algo especial. Noé foi especial, da mesma maneira Elias, que podia suspender a chuva e trazê-la novamente, pedia fogo do céu e ele vinha. Josué parou o sol e abriu o Jordão, Eliseu e Elias fizeram o mesmo, Moisés abriu o mar, tirou água da rocha, além de abrir a terra que engoliu os rebeldes.

Eu sei, foi Deus o autor disso tudo, concordo, mas não foi ouvindo a voz de seus servos, aqueles que eram fiéis?

Talvez a mensagem seja fraca e você insista em usar a armadura, mas sabe, um dos heróis de Davi, chamado Benaia, é o exemplo com o qual encerro o capítulo. Benaia matou um leão em pleno inverno, na própria toca, e também matou um soldado egípcio de 2,20 m de altura que trazia em suas mãos uma lança, tão grande como a haste de um tecelão. Benaia tinha um cajado, com o qual tirou a espada do egípcio e com ela o matou. Exemplos são seguidos.

Creio que a armadura muitas vezes seja uma ostentação. Deixe-a de lado e use o que Deus lhe deu, de qualquer jeito a vitória é do Senhor, a honra e a glória serão sempre Dele.

O título original deste capítulo era: "Vestidos para a eternidade". Mas acabei mudando, porque entendo que não chegaremos à eternidade se continuarmos a acompanhar a multidão que vai no caminho largo, onde todos parecem certos. É preciso refletir a luz de Cristo e não a dos homens.

Meus heróis estão na Bíblia, e poderia mencioná-los da seguinte maneira: Davi é meu herói com a funda e não com a espada, Moisés com seu cajado, assim como Benaia, Fineias com uma lança, com a qual, em seu zelo por Deus, matou o casal de adúlteros no arraial de Israel, acalmando a ira do Senhor e fazendo a praga cessar. Neemias, em seu desejo de agradar a Deus, expulsando o intruso do templo e combatendo os que tinham casamento misto.

As Escrituras estão cheias de heróis, não como na mitologia grega, como Hércules, mas pessoas comuns que fazem a diferença por sua honestidade e santidade em defender o nome de Deus.

Que o Senhor levante outros como Davi.

Preparai o soldado, falai do medo e da fraqueza, frequentes. Olhai em seus olhos frios e brilhantes, como um homem sanguinário e cruel. Suas veias saltam no pescoço e braços robustos, sua força é brutal. Não avisto o brilho do bronze na armadura, soltai-o. O sol se pondo e ele tornando célere. Sua mão grudada na espada exulta. Mas há tardios que nem vestiram sua proteção.

Capítulo 15
A QUAL MUNDO PERTENÇO?

"Dei-lhes a tua palavra, e o mundo os odiou, pois eles não são do mundo, como eu também não sou." Jo 17:14

A maior parte dos nossos problemas ocorre por não conhecermos nosso lugar na história, por que existimos ou o significado das coisas. Para os salvos que ainda não entenderam a graça de Deus que nos é oferecida, a coisa é pior ainda.

Não é por alguma bondade nossa, isso é certo, não somos merecedores; é pelo amor que o Pai tem por todos, porque zela por Sua palavra. O mundo continua atraindo o homem, enquanto o espírito, como disse Jesus, está pronto; a "carne permanece fraca", e é por isso que o homem é inclinado para as coisas do mundo, mais do que as de Deus. Quem tem vínculo com o mundo precisa fazer um exame pessoal, saber se o que vive é uma mentira, se os desejos da carne o dominam. Veja o que o apóstolo João diz: "Eles vêm do mundo. Por isso o que falam procede do mundo, e o mundo os ouve." 1 Jo 4:5. O modo de agir denuncia, a linguagem não muda apenas por frequentar a igreja nos fins de semana. O provérbio permanece: "A boca fala do que o coração está cheio".

Na primeira epístola de João, lemos: "Não amem o mundo nem o que nele há. Se alguém amar o mundo, o amor do Pai não está nele." 1 João 2:15. Com certeza, em nossos dias, muitos ainda amam o mundo. Nos dias de Paulo isso já acontecia: "Pois Demas, amando este mundo, abandonou-me e foi para Tessalônica" 2 Tm 4:10. Não sei se Paulo escreveu isso com rancor ou se estava apenas relatando o caso. O fato é que, para "abandonar" o apóstolo Paulo, Demas deve ter recebido uma oferta tentadora, como a que os pregadores recebem hoje em dia, desviando-se da fé. Ou nunca serviram a Deus de verdade?

Como alguém abandonaria Paulo?

Até entendo que possam abandonar a mim, ou a qualquer líder moderno. Mas Paulo? Reconheço que alguns de nós não mereciam sequer carregar a bagagem dele. Pode ser que sua mensagem fosse realmente dura de ouvir, doutrina forte, um novo convertido poderia desistir, mas não parece ser o caso de Demas. O texto diz que ele "amou" o presente século, não deixou o apóstolo por causa da severidade das palavras, e sim porque o amor que tinha pelo mundo era maior do que o que sentia por Cristo.

Nas palavras de Paulo, o "presente século" é o poder de influência do mundo, a atração que nos desvia do caminho santo. A questão menos abordada entre os cristãos – e talvez a que mais importe – não é quando somos afetados pelo mundo, mas quando somos nós que afetamos o mundo.

O cristão pode provocar o ódio do mundo por meio de uma vida santa diante de Deus. Eis o exemplo:

> "Se o mundo os odeia, tenham em mente que antes odiou a mim. Se vocês pertencessem ao mundo, ele os amaria como se fossem dele. Todavia, vocês não são do mundo, mas eu os escolhi, tirando-os do mundo; por isso o mundo os odeia." Jo 15:18-19.

A circunstância, porém, é diferente, vemos o mundo flertar com a igreja e a igreja com o mundo. Claro, estou falando de pessoas sem santidade nem conhecimento de Deus. Ser cristão virou moda, uma conveniência, nem é preciso mudança de vida, pode ir aos cultos e a qualquer outro lugar. Tanto faz. Tomara que não seja o seu caso. Certamente há tanta separação de casais cristãos como entre os que não servem a Deus. Não é só isso, se contarmos as transgressões da lei, os vícios, a corrupção e a usura, não veremos diferença alguma entre os que estão ou não na igreja.

Se o comportamento promíscuo de um descrente causa repúdio, pois nunca está satisfeito com nada e precisa alimentar o ego diariamente, o que dizer da migração sazonal de crentes, indo de uma igreja a outra buscando satisfação do tipo: "Quero me sentir bem, ninguém deve se importar com minha vida". Uma pessoa assim ama a Deus por circunstância.

Dias atrás, ouvi de um cristão: "Estava esperando um emprego, mas nunca conseguia, então coloquei Deus na parede, exigi uma resposta". É isso mesmo? "Colocar Deus na parede?" De onde vem esse modo de falar? Se você pregar do modo como a palavra manda é provável que o mundo o odeie. Não será convidado para festas, não dará entrevistas, alguns não ficarão ao seu lado, constrangidos por sua postura.

Essas foram as entradas, agora vem o prato principal.

Se o mundo o odeia, ótimo, já é um bom começo; mas é ainda melhor quando *você* odeia o mundo. É como está escrito:

"Quanto a mim, que eu jamais me glorie, a não ser na cruz de nosso Senhor Jesus Cristo, por meio da qual o mundo foi crucificado para mim, e eu para o mundo" Gl 6:14.

O mundo deve provocar náuseas, dor, rancor, insatisfação e ódio em você. O que Jesus faria hoje ao ver o comércio que fazem de Sua palavra? Ele iria concordar com isso? Com certeza reprovaria. E você concorda? Assim devemos reprovar aquilo que Deus reprova. Os frutos, como indicou o senhor Jesus, mostram a qualidade da árvore, não o contrário. Portanto não basta querer, tem de ser.

Outro versículo que revela o caráter dos verdadeiros convertidos é: "[...] Vocês são daqui de baixo; eu sou lá de cima. Vocês são deste mundo; eu não sou deste mundo" Jo 8:23. Ser aqui de baixo é uma particularidade nossa, de toda a humanidade, inerente aos seres vivos. No entanto, temos a possibilidade de possuir uma identidade celestial. A melhor de todas. Com o novo nascimento, o cristão passa a ter essa cidadania celestial, um vínculo com o Criador, ou seja: "Portanto, vocês já não são estrangeiros nem forasteiros, mas concidadãos dos santos e membros da família de Deus" Ef 2:19. Ou "A nossa cidadania, porém, está nos céus, de onde esperamos ansiosamente um Salvador, o Senhor Jesus Cristo" Fl 3:20. Como alguém que é do céu ocupará seu tempo apenas com coisas da terra?

Escuto dizerem o tempo todo: "Preciso de uma vitória em minha vida". Fazem campanhas e mais campanhas atrás da solução de seus problemas, concebem Deus como um profissional qualquer a quem solicitam ajuda em suas necessidades, vão ao altar em lágrimas pedindo socorro. Mas para quê? A maior vitória que realmente precisam é sobre o mundo. A palavra nos diz: "O que é nascido de Deus vence o mundo; e esta é a vitória que vence o mundo: A nossa fé" 1 Jo 5:4.

O homem vai se enchendo de "bugigangas" durante a vida, acumulando maus hábitos e muito trabalho, tradições de família que somente atrapalham. É preciso desprender-se, dispensar as coisas, deixar de lado e viver a vida que Deus quer. Abster-se: "E todo aquele que luta de tudo se abstém; eles o fazem para alcançar uma coroa corruptível; nós, porém, uma incorruptível" 1 Co 9:25. Tem gente que não luta e por isso não se abstém de nada, ao contrário, acumula mais ainda, porém, quando alguém se dedica ativamente a Cristo, com certeza deixará o que é perecível e se agarrarará ao que é eterno.

Como Timóteo, ao ouvir do apóstolo Paulo: "Fuja dos desejos malignos da juventude e siga a justiça, a fé, o amor e a paz, juntamente com os que, de coração puro, invocam o Senhor" 2 Tm 2:22. A fuga é apontada como recurso indispensável ao cristão, especialmente quando os desejos da carne estão fervilhando dentro dele na mocidade. Quando um jovem promissor como Timóteo carregava a unção que recebera das mãos de Paulo, tinha a promessa de um ministério que traria muitos frutos para a igreja primitiva.

Já vi muitos jovens naufragarem no início do ministério por não conseguirem se manter castos, íntegros a Deus, e aquilo que poderia ser um instrumento poderoso nas mãos do Senhor tornou-se em confusão e vergonha ao evangelho. Você já deixou algo por amor a Cristo? Ou acredita que as horas no shopping estão lhe preparando para uma intimidade com Ele?

Há alguns que não estão ligados em Cristo, que é "a cabeça" da igreja: "Trata-se de alguém que não está unido à cabeça, a partir da qual todo o corpo, sustentado e unido por seus ligamentos e juntas, efetua o crescimento dado por Deus. Já que vocês morreram com Cristo para os princípios elementares deste mundo, por que é que vocês, então, como se ainda pertencessem a ele, se submetem a regras"? Cl 2:19-20.

Muitos estão na igreja, mas, infelizmente, fazem tudo igual ao mundo – sinal de que ainda pertencem ao mundo – esperando uma intervenção divina. É preciso entender que aquilo que temos de fazer, outro não fará. Creio ser uma questão de identidade, de conhecer realmente quem é você e a "qual mundo pertence".

As Escrituras falam sobre apegar-se ao mundo, ser amigo dele, amá-lo. Isso é próprio dos que não amam a Deus: "Pois o mundo pagão é que corre atrás dessas coisas; mas o Pai sabe que vocês precisam delas" Lc 12:30. Está vendo? Os filhos de Deus não devem correr atrás daquilo que os ímpios correm, crendo que seus bens é que trarão admiração, e não aquilo que realmente é: "Pois não trouxemos nada para este mundo e dele não podemos levar nada" 1 Tm 6:7.

Há uma frase em Hebreus que deve impactar nossas vidas, algo que nos revela o real significado de não pertencer ao mundo: "O mundo não era digno deles" Hb 11:38. Isso explica tudo. É como se o mundo não os merecesse. Eles viveram no mundo, na terra, que não merecia a presença de nenhum deles.

Nosso compromisso é agradar a Deus como alguém transformado, mesmo que tenhamos momentos de rejeição por parte da família, dos amigos, o que é natural. Não há comunhão entre luz e trevas. Quanto mais íntimos formos do Senhor, mais saberemos separar o santo do profano, como diz o profeta Ezequiel. Se alguém quer andar dos dois lados, pode se complicar.

Um tempo atrás ouvi o comentário de uma cantora "gospel", que fora convidada para gravar uma novela na TV. Ela disse se sentir honrada, crendo ser uma bênção de Deus participar daquilo. Se pudesse, eu lhe diria que na verdade era um retrocesso em sua vida, uma vergonha, uma humilhação, pois a TV que ela exaltava é tratada como lixo, até pela sociedade, quanto mais na igreja de Cristo. Não é um prêmio, é demérito. Será que por buscarmos relevância estamos deixando o caminho da santidade?

A igreja tenta separar santidade de aflições, mas, em toda a Bíblia, os dois temas estão ligados. Eu me pergunto, onde está o sofrimento da igreja? Quando Jesus disse "no mundo tereis aflição" (Jo 16:33), Ele quis dizer que a santidade, assim como o comprometimento com o reino, o afastar-se das coisas erradas, e ser parte da família cristã, provocaria confronto e desconforto a seus servos. Uma aflição: "E também todos os que piamente querem viver em Cristo Jesus padecerão perseguições" 2 Tm 3:12.

Como Ló, que afligia sua alma justa ao ver os pecados do povo, quem vive com Cristo será sempre afetado pela imoralidade dos outros, e se irritará muito com isso. Se você não sente nada em relação ao pecado dos outros é melhor rever sua conversão. Uma prova da conversão é o desapego do mundo, da arrogância e do egoísmo, principalmente a exposição demasiada na internet. Alguns ainda "amam os primeiros lugares nas ceias e as primeiras cadeiras nas sinagogas" (Mt 23:6), ou "a glória dos homens" (Jo 12:43), e pior, mantêm o espírito competitivo que tinham no mundo, só que agora na igreja, amontoando fãs que imitam seus erros tornando-se consumistas e exploradores, cada dia mais longe da verdade.

Outros passam um tempo na igreja e depois deixam a graça, como Demas, a quem citei a pouco, deixando também a fé, largam tudo, até o amor aos irmãos.

Todo homem se entrega ao que ama. Jesus disse que não podemos amar a dois senhores, por isso quem se entrega a Cristo deve rejeitar completamente o mundo:

"Não ameis o mundo, nem o que no mundo há. Se alguém ama o mundo, o amor do Pai não está nele. Porque tudo o que há no mundo, a concupiscência da carne, a concupiscência dos olhos e a soberba da vida, não é do Pai, mas do mundo. E o mundo passa, e a sua concupiscência; mas aquele que faz a vontade de Deus permanece para sempre." 1 Jo 2:15-17.

Infelizmente, o que digo pode chocar, mas é a pura verdade:

"Há homens maus que se intitulam pastores, apóstolos e profetas, no altar das igrejas pelo mundo, são do mundo e ensinam outros a serem assim. São inimigos da cruz de Cristo, tudo o que fazem é iludir o povo com promessas falsas, estão atrás das riquezas dessa terra. São homens maus, enganando e sendo enganados, usam uma linguagem que os que são do mundo entendem bem. Do mundo são, por isso falam do mundo, e o mundo os ouve." 1 João 4:5.

Ou seja, métodos mundanos vão atrair pessoas mundanas que continuarão a viver do jeito do mundo. Paul Washer sempre diz: "O mundo te ama ou te odeia?" Você acredita realmente que o mundo deseja honrar-te mais que Jesus? Ou está tão próximo de Cristo que o mundo odeia você? "Meus irmãos, não vos maravilheis, se o mundo vos odeia" 1 Jo 3:13.

Se há santidade em sua vida, será odiado pelo mundo, pois não há comunhão entre luz e trevas, somente os que querem vir para a luz se aproximarão de você, e os que não conseguem se afastar das trevas irão se afastar de você. Sua convivência com o mundo não pode ser normal, as abominações que praticam ao seu redor devem afetá-lo, se não sofre com isso me desculpe, mas o amor de Deus não está em você. Há urgência na conversão, ninguém pode programá-la em etapas como: "Este ano vou deixar isso, ano que vem aquilo e no terceiro vou aceitar a Cristo, vou ser um servo fiel". Não, isso não se faz assim, a mudança deve ser radical, imediata e definitiva, como Zaqueu, Paulo, o carcereiro de Filipos e tantos outros que tiveram um encontro com o Senhor. Foi dramático, mas real e imediato.

A conversão hoje se parece com um parto por cesárea. As mães de hoje preferem ter seus filhos assim, e não por parto normal. Como resultado, os bebês não fazem esforço algum para nascer, e as mães não sofrem muito, também. Esse método não torna a criança mais forte para enfrentar as crises da vida, diz a medicina. Na igreja acontece o mesmo: crentes iniciam sua caminhada de fé ouvindo sobre provisão (prosperidade), como ser o queridinho de Deus, que nada vai atrapalhar sua vida, pois o Deus que lhe apresentaram não o deixará passar por isso. Alguns dizem que pode continuar com a vida de antes. Será?

Ainda dizem: "Orar para que, se Deus já sabe de tudo? Não precisa de nenhum sacrifício – jejum por exemplo –, pois Cristo já fez o sacrifício perfeito. Não preciso conhecer as Escrituras, pois o que já passou não me interessa e o que está para acontecer, acontecerá de qualquer maneira mesmo".

Esse cristão não aguentará o primeiro vento de contrariedade na vida, sua casa está sobre a areia e não sobre a rocha, nunca amou a Cristo de verdade. Uma pessoa assim quer apenas um Deus subserviente, um garçom, um mecânico, um advogado ou médico que está à disposição em qualquer momento. Alguém assim jamais vai entender Filipenses 4:13, nunca.

Quase-cristãos não serão salvos, a partir do momento em que você ouve da salvação deve decidir imediatamente desligar-se do mundo e ser dependente do Senhor. Lembre-se: "Muitos são chamados, mas poucos escolhidos" Mt 20:16.

O que o mundo reserva para você no futuro? Na eternidade?
Eu lhe respondo: nada.

O amor do amado mundo, danosa paixão se torna
Amando deixar-te, ó mundo, pelo amor fiel que achei
Amado agora vivo, amor que maior retorna
Amas a mim eu sei, pois que diz: Amei, amei, amei.
16/1/2004.

Capítulo 16
A Torre de Babel dos nossos dias

"Por isso se chamou o seu nome Babel, porquanto ali confundiu o Senhor a língua de toda a terra, e os espalhou o Senhor sobre a face de toda a terra." Gn 11:9

O objetivo deles, em Sinear, era edificar uma cidade com a maior torre possível – como se houvesse outras –, que pudesse alcançar o céu, fazer um nome forte e não se dispersar pela terra. Veremos, por fim, que não conseguiram o que desejavam.

"Eia, façamos tijolos e os queimemos bem, façamos uma cidade". Se voltarmos a textos mais antigos na Bíblia, ouviremos Deus dizendo: "Crescei, multiplicai e enchei a Terra". Então, não fazia sentido desobedecerem a ordem do Senhor. Em Gn 4:26 diz que, após o nascimento de Enos, "começou-se a invocar o nome do Senhor". Depois, temos o relato de Enoque, que andou com Deus, o qual o levou para Si. Então veio Noé, que também andava com Deus e agradou ao Senhor, que o mandou construir a arca onde ele e sua família foram salvos do dilúvio. No final do capítulo 10, diz: "Estas são as famílias dos filhos de Noé, segundo as suas gerações, nas suas nações; e destes foram divididas as nações na Terra depois do dilúvio" Gn 10:32.

Havia um cronograma divino para povoar o mundo.

"Porque assim diz o Senhor que tem criado os céus, o Deus que formou a Terra, e a fez; Ele a confirmou, não a criou vazia, mas a formou para que fosse habitada: Eu sou o Senhor e não há outro" Is 45:18. Por isso, toda a Terra deveria ser habitada, então, quando os homens se juntam para um propósito contrário a Deus, a coisa não tem como dar certo.

É a primeira vez que lemos sobre fazer tijolos na Bíblia.

Construir uma cidade em nosso tempo é muito comum, todos querem o progresso, o pensamento é sempre crescer, crescer e crescer. Cada cidade é projetada para ser mais bonita que a outra, mais estruturada e rica que a sua vizinha. Naquele tempo, contudo, os homens deviam espalhar-se para que a terra fosse preenchida, não podiam ficar no mesmo lugar. Deus diz que "a formou para ser habitada", toda ela. Como eles, nossa geração tem desobedecido também, há muitos se acomodando, caminhando sempre na direção contrária à vontade do Pai, começam pelo Espírito e acabam sempre na carne, como em Gl 3:3. No início, os homens se empolgam, ouvindo tudo que o pastor diz, mas, com o tempo, passam a achar isso ou aquilo, não seguem uma vida disciplinada de oração e leitura da palavra. Esquecem com rapidez de onde foram tirados.

Olhando o globo, imaginamos como seria um desperdício os homens de Sinear terem ficado apenas naquela faixa de terra. Jamais conheceriam a vastidão e a beleza do mundo.

"Uma torre cujo topo alcance os céus". Será que eles nunca tinham ouvido as histórias sobre Enoque? Qual era o objetivo de chegar ao céu? Ver Deus? Conhecê-Lo? Não tinham conhecimento algum sobre a atmosfera que temos hoje. Não chegariam a 5 mil metros sem que sofressem danos irreparáveis ou até morressem. Sabemos bem que para chegar a Deus é por meio da fé, como aconteceu com Enoque – ele não quis dar um passeio no céu, foi levado para lá. Elias foi levado para lá mais tarde, e Jesus, é o caminho direto para lá (Jo 14:6).

O mundo corre contra o tempo. O homem constrói prédios cada vez maiores, monumentos à sua ignorância, para depois ele mesmo destruir suas obras, como nos atentados do 11 de Setembro nos Estados Unidos. Prédios altos são uma espécie de marca de poder entre as nações – fazem o prédio mais alto para achar que são melhores. Pura ilusão.

É o mesmo espírito competitivo encontrado em Caim, e antes dele, quando a serpente coloca em Eva o desejo de ser igual a Deus. Não bastava serem servos, filhos de Deus. O homem quer ser mais do que é, de fato, por isso cede à tentação. Ainda bem que essas "grandezas" do homem não representam nada para Deus, pois Ele não se comove com nada disso. Jesus disse que aquele que quisesse ser o maior na verdade deveria ser o menor, teria de servir. Os homens de Sinear não estavam encantados com nuvens ou estrelas, chegar ao céu era mais que isso para eles. Compare com Is 14:13 que nos mostra outro que desejou o mesmo e não conseguiu, pelo contrário, foi derrotado e lançado nas trevas.

O céu tem dono: "Os céus são os céus do Senhor; mas a terra a deu aos filhos dos homens." Salmos 115:16. Para os que creem no arrebatamento da igreja, como eu, o céu será apenas por um tempo, porque fomos feitos para a terra. A Escritura ainda afirma: "Novos céus e nova terra, onde habita a justiça." 2 Pe 3:13. Outros textos que comprovam: Ap 21:1, Is 65:17 e Is 66:22.

Temos algumas celebridades, cercadas de seguidores cegos, que dizem ter a fórmula do sucesso, de como chegar a Deus. Eles constroem impérios que são verdadeiras torres de Babel modernas, e isso no meio cristão. Homens que se apoderam da música gospel, da liturgia dos cultos; pregadores sem responsabilidade, que prometem sucesso rápido, porém, vergonhoso, uma imitação barata do mundo de onde viemos. Uma confusão digna de uma torre de Babel.

Pastores perderam a razão, tornaram-se vendedores de amuletos, como toalhas e óleo ungido. É como sempre digo: onde houver comprador haverá o vendedor, é a lei da oferta e da procura para os mercadores – imagem que o Senhor nunca desejou para sua amada igreja.

Dizem eles que estão criando métodos melhores para se chegar a Deus. Ora, não precisamos de métodos melhores, mas de pessoas melhores, que obedeçam a Deus de verdade e não façam como Saul em 1 Sm 15:22. Certas canções despertam no povo a disputa, tais como: "Quem te viu passar na prova e não te ajudou, vai olhar você na bênção e vai se arrepender". "O Senhor vai envergonhar os que te zombam". E assim vai. São músicas que fazem pensar que Deus está à inteira disposição do homem, o que devia ser o contrário.

O homem é que deve honrar a Deus acima de todas as coisas, todo dia, servi-Lo e adorá-Lo. Os mais ignorantes dizem: "Se Paulo foi até o terceiro céu, que dirá eu".

Bem, você é igual à Paulo? Pregou, apanhou e foi zeloso como ele? Falam de Elias e Enoque terem ido ao céu achando que são melhores do que eles, mas nenhum deles voltou. Além do mais, eles viveram como ninguém por aqui.

Queremos as honras e as medalhas sem nunca nos prepararmos para recebê-las. A torre de Babel da hipocrisia em viver folgadamente, como o rico da parábola que morreu e foi ao hades, enquanto Lázaro foi consolado. Quando disseram: "Façamos um nome para nós", queriam na verdade uma identidade, uma marca registrada como as do mundo, aquelas que anunciam: "Podem não comprar nossos produtos, ainda assim, nosso nome estará nas prateleiras". É o mercantilismo condenável da Grande Babilônia (Ap 17) que tem seduzido os cristãos nominais no mundo.

Babel se torna Babilônia, que viria a ser um reino poderoso; antes disso, porém, sua fama já despontava nos tempos de

Josué, pois quando o povo de Israel foi derrotado na cidade de Ai, descobriram que Acã escondera, entre outras coisas, uma bela capa babilônica que parecia ter muito valor na época (Js 7:21). Como os homens de Babel, ser conhecido por causa do Senhor, como em Is 44:5, é pouco para alguns, o que mais importa é ter seu nome na calçada da fama, sua foto na galeria e seu nome numa placa. Mas qual a importância disso? Será que é gerar satisfação pessoal e reconhecimento? Alguém não dormirá bem sem isso?

Está na hora do verdadeiro cristão livrar-se dos anseios da grandeza pregada pelo mundo e viver a verdadeira vida com Cristo.

> "O Senhor diz: 'Eis que o povo é um, e todos falam uma mesma língua, e isto é o que começam a fazer, e agora não haverá restrição para tudo o que eles intentarem fazer. Eia, desçamos e confundamos ali a sua língua, para que não entenda um a língua do outro'. Assim o Senhor os espalhou dali sobre a face de toda a terra; e cessaram de edificar a cidade." Gn 11:6-8.

Deus sabia que era apenas o começo, pois o povo era um e falava uma linguagem apenas, por isso fez que não se entendessem mais parecendo enlouquecidos, então a construção parou por falta de entendimento. Em Amós 3:3 diz que não andarão dois juntos, nem trabalharão, se não se entenderem. Naquele instante eles foram espalhados pela face da Terra. Hoje, com a globalização, a distância entre as nações diminuiu, até por causa da tecnologia, e o mundo pensa em voltar a falar uma língua apenas. Os homens viajam de um lado para o outro sem dificuldade em comunicar-se. Mas naquele tempo, para cumprir Sua vontade, o Senhor parou a construção com a confusão das línguas.

Causa tristeza a falta de visão nas pessoas. Ao aconselhar alguém, analiso as coisas partindo de um raciocínio lógico, nem sempre espiritual. As atitudes quase sempre mostram aonde vai dar a situação, embora alguns casos requeiram a percepção espiritual, mas, geralmente, o final do filme vai seguir o que está no início.

Sei, contudo, que se a pessoa se esforçar um pouco para obedecer a palavra, ficará satisfeita, mesmo no fim. O caso é que a maioria está mais preocupada em realizar seus desejos do que a vontade de Deus. Deus tem um propósito ou não? Ele sustenta o Universo, tudo criou com objetivos definidos. Já dizia o saudoso Myles Monroe: "Tudo com propósito".

Nós fomos inseridos no querer de Deus. Aleluia!

Se o Senhor tem uma vontade, como as pessoas podem fazer projetos mirabolantes, ter pensamentos em ganhar, comprar e ser um montão de coisas que estão longe da vontade original de Deus? Para promover isso, sempre haverá pregadores impulsionando seus desejos.

Spurgeon, Paul Washer, Leonard Ravenhill, John Piper, Steve Lawson, Mark Driscoll, David Wilkerson, entre outros, nos alertaram que falsos mestres e falsos profetas são na verdade um juízo de Deus à essa geração de filhos mimados. Querem satisfação a todo custo, ofertam para conseguir em troca o que já lhes pertence. O pastor Luiz Hermínio, do Mevam, sempre diz isso.

Jesus aconselhou o rico: "Falta-lhe ainda uma coisa. Venda tudo o que você possui e dê o dinheiro aos pobres, e você terá um tesouro nos céus. Depois venha e siga-me." Lc 18:22. Poucos querem o tesouro nos céus, a maioria o quer aqui na terra mesmo, e já.

Essa palavra não é para incrédulos, e sim para os que fazem parte da igreja de Cristo. Então, deixe-me falar dos irmãos que fazem sociedade com infiéis: primeiro, temos de analisar o objetivo da sociedade, como ela vai funcionar? O jugo desigual deve ser levado em conta, outros aspectos também. Na torre de Babel, o projeto estava errado desde o princípio e, no final, não se entenderam sendo espalhados pela terra. Andar junto é compartilhar os mesmos ideais. O nome "Babel" foi dado depois da confusão das línguas. Mas qual nome eles dariam no término do arranha-céu? Começos errados, finais previsíveis.

Deus tem um projeto bem elaborado para todo o Universo, que inclui os homens também. Deus é o regente de tudo. Mas por que o homem não se submete à vontade soberana do Criador? Por que não goza a eterna felicidade em vez de realizar o que apenas desagrada ao Senhor? Diziam antigamente: "maior a árvore, mais terrível o tombo", se cair para um lado ou para outro, o perigo é enorme.

Um exemplo disso é o megaempresário Eike Batista, que chegou a ser um trilhardário, segundo a revista *IstoÉ*, dono de muitas empresas e investimentos na bolsa, e perdeu quase tudo. Homem do qual diziam: "Esse nunca verá o fim de seu dinheiro". Para surpresa de muitos, ele teve um declínio vertiginoso na fortuna, passou para bilionário, e depois para milionário. É provável que tenha receio em fazer parte da classe média, já que suas ações despencaram e sua empresa amontoa dívidas impagáveis. Seu império ruiu, assim como nos tempos antigos, homens crescem e depois sofrem a queda.

Há uma frase conhecida, que diz: "O problema de se chegar ao topo é que, uma vez lá, o único lugar para se ir, é para baixo". Prédios desabam e navios afundam, campos queimam e fontes secam. As pessoas morrem, por isso não almeje coisas grandes, mas satisfaça-se com a porção de Deus diariamente. Alegre-se Nele, fale menos e ouça mais. O segredo é confiar sempre em Jesus, pois Ele nunca decepciona ninguém.

Não tente agradar a Deus com torres de tijolos, o modo de aproximar-se de Deus é buscar as coisas do céu, não da terra. Foi Jesus quem disse: "Não fostes vós que me escolhestes, Eu vos escolhi a vós outros" Jo 15:16. Como o Senhor nunca se engana, pode ter certeza, no final dará tudo certo. Não do nosso jeito, mas do jeito Dele.

Proponho um teste para determinar o que guardamos no coração, se são coisas boas ou ruins: Seus olhos brilham por um carro novo, mesmo que não seja seu? Quando vê alguém socorrendo outros, se comove? Você chora pelo filme ou pela novela? Fica emocionado quando recebe um aumento salarial? E quando vê o sofrimento de alguém e a injustiça entre as pessoas? Como se sente ao saber que o próximo passa fome? O que move seu coração? Como você prova seu amor para com Deus?

O amor do Pai já conhecemos, mas se não amamos a Deus, nada faz diferença, porém, para nós que fomos resgatados, tudo tem significado, mesmo não entendendo agora, um dia saberemos. Falaremos disso ainda.

Assim, cheguei a esta conclusão: *"Deus fez os homens justos, mas eles buscaram de muitas intrigas." Ec 7:29.*

Capítulo 17
APOSTASIA MODERNA

"Mas o Espírito expressamente diz que nos últimos tempos apostatarão alguns da fé, dando ouvidos a espíritos enganadores, e a doutrinas de demônios." 1 Tm 4:1

Normalmente, pensamos que os que apostatam da fé são aqueles que deixam a igreja local, indo após mentiras, visões deturpadas do reino de Deus. Mais intrigante, porém, é que mesmo as lideranças de um grande concílio de denominações podem, às vezes, apostatar da fé, posicionando-se contra a sã doutrina.

Há rebeldes que estão na igreja. Rebelde não é apenas o que sai, em alguns casos, é aquele que recebe uma direção de Deus e não a segue, escolhe ouvir uma voz qualquer, copiando modismos de outros. Se for para multiplicação rápida, crescimento financeiro e sem compromisso com a palavra – em detrimento da intimidade com Cristo –, eles participam. Estou entrando numa seara perigosa agora, falar de seitas e religiões, ações que muitos dizem ser do Espírito. Preciso ter cuidado, pois não quero que me considerem um blasfemador, aí não receberia perdão.

Na primeira carta às igrejas da Ásia, que é dirigida a Éfeso, vemos o conflito entre servir a Deus e abandonar o primeiro amor, aliás, o verdadeiro.

Quem escreve é aquele que "anda entre os sete candelabros de ouro" (Ap 2:1), que são as sete igrejas, e que diz: "Conheço as suas obras, o seu trabalho árduo e a sua perseverança. Sei que você não pode tolerar homens maus, que pôs à prova os que dizem ser apóstolos, mas não são, e descobriu que eles eram impostores" Ap 2:2.

As iniciais não são ruins, mostram obras, trabalho árduo e perseverança. O líder tinha austeridade com os que eram maus, suportava a pressão dos que se diziam apóstolos – ao menos eram tratados como tal –, confrontou-os e os provou, investigou e descobriu que mentiam. Apostasia, no grego antigo é απόστασις [apóstasis] (estar longe de) e representa um afastamento definitivo e voluntário de algo, uma renúncia de sua fé anterior ou doutrinação.

Ao contrário do que pensam, não é um mero afastamento em relação à fé e pode manifestar-se abertamente ou de modo oculto. Alguém pode afastar-se "definitivamente" da fé e nunca mais fazer parte da igreja – não é um desvio temporário, um mal relacionamento no corpo de Cristo, uma revolta contra a liderança, é mais sério. É alguém que tomou uma decisão eterna, nenhum milagre ou testemunho o fará voltar, muito menos uma boa música, nem mesmo o sofrimento. É o ponto final para ele.

O livro de Hebreus revela a fragilidade da salvação de alguns:

"Ora para aqueles que uma vez foram iluminados, provaram o dom celestial, tornaram-se participantes do Espírito Santo, experimentaram a bondade da palavra de Deus e os poderes da era que há de vir e caíram, é impossível que sejam reconduzidos ao arrependimento; pois para si mesmos estão crucificando de novo o Filho de Deus, sujeitando-O à desonra pública. Pois a terra que absorve a chuva, que cai frequentemente e dá colheita proveitosa àqueles que a cultivam, recebe a bênção de Deus. Mas a terra que produz espinhos e ervas daninhas é inútil e logo será amaldiçoada. Seu fim é ser queimada" Hb 6:4-8.

E mais:

"Não deixemos de reunir-nos como igreja, segundo o costume de alguns, mas encorajemo-nos uns aos outros, ainda mais quando vocês veem que se aproxima o Dia. Se continuarmos a pecar deliberadamente depois que recebemos o conhecimento da verdade, já não resta sacrifício pelos pecados, mas tão somente uma terrível expectativa de juízo e de fogo intenso que consumirá os inimigos de Deus. Quem rejeitava a lei de Moisés morria sem misericórdia pelo depoimento de duas ou três testemunhas. Quão mais severo castigo, julgam vocês, merece aquele que pisou aos pés o Filho de Deus, que profanou o sangue da aliança pelo qual Ele foi santificado, e insultou o Espírito da graça"? Hb 10:25-29.

Observe que já não há mais qualquer sacrifício, nenhuma oportunidade de arrependimento, sendo impossível regenerar alguém dessa maneira. O Senhor Jesus disse: "A porca lavada voltou ao despojadouro de lama, e o cão voltou ao vômito".
Nossa geração tem falta de "discernimento". Em muitos casos – como o do rei Saul –, homens que não amam a Deus de coração, ainda que investidos de autoridade, estão em posição de comando. Embora não façam mais parte da igreja espiritual, apenas congreguem, se arvoram como sumidades. No fim a palavra de Deus se cumprirá: "Por isso os ímpios não resistirão no julgamento, nem os pecadores na comunidade dos justos" Sl 1:5.
Vivemos os últimos dias como a palavra nos alertou: "O Espírito diz claramente que nos últimos tempos alguns abandonarão a fé e seguirão espíritos enganadores e doutrinas

de demônios" 1 Tm 4:1. Não é apenas abandonar a fé, mas também seguir espíritos enganadores e doutrinas de demônios. Você não pensa que eles mesmos inventam essa loucura que vemos todo dia por aí, não é?

Com certeza não. É uma repetição do passado, demônios colocando na mente dos que se inclinam a maldade, doutrinas que os afastam do verdadeiro evangelho.

A Bíblia diz: "Porque haverá homens amantes de si mesmos, avarentos, presunçosos, soberbos, blasfemos, desobedientes a pais e mães, ingratos, profanos" 2 Tm 3:2. Eles não estão apenas fora da igreja – embora dentro dos templos –, tudo que fazem é para si, compram a comunidade com presentes, vão à igreja desde que ninguém toque em seu pecado. Se forem repreendidos, irão procurar outra igreja que lhes agrade.

Não sei você, mas eu conheci o evangelho numa época em que todos permaneciam na igreja onde se convertiam. Passavam-se anos e você continuava na congregação onde iniciou na fé. Mais ainda, era vergonhoso deixar sua igreja, afinal, o que iriam dizer? Hoje está tudo uma grande bagunça. Tanto de quem teria de alimentar o rebanho com a palavra genuína, já que lhes falta o conhecimento, humildade e dedicação no estudo das Escrituras, assim como falta maturidade nos convertidos.

Se os homens procurassem uma igreja pela pregação genuína da palavra, tudo bem, o problema é que buscam mensagens que aprovem seu estilo de vida. O dito popular é verdadeiro: conforme a sede, é a água. Ou seja, se há quem ouça esse tipo de mensagem, haverá sempre quem a pregue.

Dias atrás, soube que um cantor famoso – que ganha muito à custa de evangélicos desatentos – citou uma frase de Davi como se fosse de Paulo, inventou uma versão da Bíblia só dele, e anunciou que vai gravar secularmente, já que está acima da média. Era só o que faltava. O pior não é confundir escritores na Bíblia, mas inventar doutrinas contrárias a Cristo.

Outro erro é dos que buscam na igreja uma "ajudazinha" de Deus, sem nunca mudar seu comportamento promíscuo.

Estamos amando da forma errada: "Porque o amor ao dinheiro é a raiz de toda espécie de males; e nessa cobiça alguns se desviaram da fé, e se traspassaram a si mesmos com muitas dores" 1 Tm 6:10. Quero registrar trechos da mensagem de Paris Heidhead sobre o Cristianismo Humanista, que está no *site O Espírito e a Noiva dizem Vem*. Acompanhe:

> "Os humanistas dizem que o fim de toda existência é a felicidade dos homens. A salvação é simplesmente uma questão de obter toda felicidade que pode na vida. Os liberais dizem que o fim da religião é fazer o homem feliz enquanto viver. O fundamentalismo diz que o fim da religião é fazer o homem feliz quando morrer. Ou o fim de toda a existência é a felicidade do homem. Como se Deus existisse apenas para a felicidade do homem, os anjos, Jesus Cristo e tudo que Deus criou, foram apenas para a felicidade do homem[2]."

O próprio Paris Heidhead responde: "Isso não é cristianismo, pois no cristianismo bíblico tudo é para a glória de Deus". Comenta; se "a única razão de você se converter é escapar do inferno, ou o desejo de ir para o céu, então você realmente não entendeu nada".

O Senhor Jesus diz que a vida eterna é essa: "Esta é a vida eterna: que Te conheçam, o único Deus verdadeiro, e a Jesus Cristo, a quem enviaste" Jo 17:3. Com certeza vivemos no meio da maior apostasia da igreja, pessoas corruptas fazendo de tudo para estar em evidência na mídia e no poder, enriquecendo em cima da ignorância alheia, inventores de males e

---

2   HEIDHEAD, Paris. O Espírito e a Noiva dizem Vem. Disponível em: https://youtu.be/8fiQNyoO_S0. Acesso em: 19-4-2016.

falsas doutrinas. Ao citar a falsidade, devo dar sua designação em dicionário: "Falsidade é a característica do que não é verdadeiro". Na Bíblia há muito mais sobre isso.

Sobre falsos profetas, é preciso analisar o que as Escrituras dizem sobre eles, e posso começar pelos frutos, são eles que identificam a árvore. Homens prevendo coisas que nunca acontecem, ensinando bobagens aos fiéis, despertando a ganância e enfraquecendo o evangelho, fazendo o povo deixar de procurar a Deus de verdade.

Muitos são verdadeiros atores, alguns passariam por bons mágicos, mas nunca como filhos de Deus[3].

Lembra dos magos que resistiram a Moisés no Egito? Pois é, agora estão dentro das igrejas, persuadindo crentes neófitos e os que têm preguiça de ler a palavra, querem tornar o evangelho algo particular, como se Deus não tivesse um projeto maior para a igreja. Revelam particularidades que são verdadeiras aberrações, tudo isso em nome da fé, ameaçando as ovelhas para conseguirem mais dinheiro. São lobos em pele de ovelha. Homens desonestos estão tratando a noiva de Cristo com desdém, mandamentos e ordenanças são desprezados, santidade não existe, nem é incentivada, usam textos fora de contexto, versículos isolados da palavra são manipulados a seu favor, e tudo por causa da ganância sem limites.

Há muita aberração no meio evangélico, e com certeza Jesus nunca desejou que fosse assim. Agora inventaram um batismo que parece coisa de cinema, estão batizando no "Toboágua" (pensei que fosse mentira, mas não) e por aí vai.

---

3   Quando preguei esta mensagem, usei o telão para mostrar momentos de apostasia nos templos.

A igreja nunca foi tão escrachada como hoje, e pensar que as perseguições da igreja primitiva tinham motivação diferente das atuais. O mundo não sente ódio do evangelho, mas do modo de vida, da ostentação e do orgulho do cristão atual, porque é contrário a Cristo.

A humildade está longe de alguns pastores, aqueles que afirmam que Jesus era rico, embora Jesus combatesse a riqueza como um fim. Dizem que Jesus tinha uma casa na praia, comprada com o dinheiro que recebia do povo, o que provaria sua riqueza. Agora, mostre um momento sequer em que Jesus desfrutava disso, como fazem os de hoje. Você pode ter uma vida mais abastada, nem precisa ser cristão, pois o sol nasce sobre justos e injustos. Existe uma multidão que esbanja riqueza e nem sequer crê em Deus. Porém, colocar o triunfo financeiro como resultado da fé é pura ignorância, até porque, muitos homens fiéis à Deus, no passado ou agora, morrerão sem ter as posses que desejam.

Não estou desprezando as férias ou o descanso, mas fazer afirmações para iludir os ignorantes, isso não. Tudo bem, os aproveitadores da fé podem usufruir ao máximo do mar e de suas praias, pois conforme o livro de Apocalipse, o mar vai deixar de existir um dia: "E vi um novo céu, e uma nova terra. Porque já o primeiro céu e a primeira terra passaram, e o mar já não existe" Ap 21:1.

Jesus montou em um jumentinho emprestado, sua cama podia até ser confortável, mas ele passava a maior parte das noites orando nos montes. Isaías o descreve como desprezado, o mais indigno entre os homens, não tinha beleza nem formosura – por isso tomem cuidado ao valorizar demais a beleza. Não se aposentou no ministério, não deixou escrituras de imóveis em seu nome. Se isso ocorrer com você, amém, mas não gaste sua vida atrás disso.

Ao nascer e ao morrer, usou lugares emprestados, a sala da última refeição era emprestada, pregou sermão em um barco emprestado, pagou imposto com a moeda tirada da boca de um peixe, multiplicou pães que por sinal alguém lhe cedeu, o perfume que lhe preparou para morte foi dado a ele por uma mulher de má reputação. Ele teve fome e sede depois de quarenta dias de jejum, e também sentiu sede quando pediu água à samaritana junto ao poço, teve sede na cruz, chorou, suou sangue, andou a pé a vida inteira.

O texto de 2 Co 8:9 diz que "ele se fez pobre", foi levado pelos pais ao Egito recém-nascido para escapar com vida, escapou também quando, já adulto, pregara numa sinagoga, pois queriam atirá-lo do penhasco, foi expulso de sinagogas, expulso de Gadara por causa de um milagre que fizera. Tudo isso enquanto denunciava o pecado como nenhum outro fizera, enfrentou os poderosos com coragem, e depois de preparar seus discípulos os comissionou a fazer o mesmo:

> "Chamou a si os doze, e começou a enviá-los a dois e dois, e deu-lhes poder sobre espíritos imundos, e ordenou-lhes que nada tomassem para o caminho, senão somente um bordão; nem alforje, nem pão, nem dinheiro no cinto. Mas que calçassem alparcas, e que não vestissem duas túnicas. E dizia-lhes: Na casa em que entrardes, ficai nela até partirdes dali" Mc 6:7-10.

Não me admira que falem mal do evangelho hoje, com tanto escândalo acontecendo. Onde estão as pessoas sérias da igreja?

Quem é de Deus ouve Suas palavras e vem para a luz, não teme a reprovação, mas se humilha e absorve a verdade. Preste atenção no que sai dos púlpitos por aí, programas de rádio que não ensinam nada, pastores que não leram mais que dois ou três livros na vida, muito menos a Bíblia inteira, que valorizam mais a música do que a oração e a palavra. Como eles, são os seus ouvintes.

Se alguém não ouve a verdade acabará infelizmente numa dessas denominações à base de "profetadas e revelamentos" (desculpe a linguagem).

Israel examinava a Escritura cuidando ter nelas a vida eterna, mas Jesus disse: "São elas que de mim testificam" Jo 5:39. Em determinado momento, ele os repreende pelo desconhecimento das Escrituras: "E Jesus, respondendo, disse-lhes: 'Porventura não errais vós em razão de não saberdes as Escrituras nem o poder de Deus?'" Mc 12:24.

Sabe por quê? Porque conhecer as Escrituras não é apenas ler, ainda mais quando o interesse é particular, para justificar um posicionamento pessoal. A Bíblia não deve ser lida, mas estudada.

Os olhos do Senhor ainda procuram os fiéis da Terra. Você é um deles? Oro para que seja.

"E desposar-te-ei comigo em fidelidade, e conhecerás ao Senhor. E acontecerá naquele dia que eu atenderei, diz o Senhor; eu atenderei aos céus, e estes atenderão à terra. E a terra atenderá ao trigo, e ao mosto, e ao azeite, e estes atenderão a Jizreel. E semeá-la-ei para mim na terra, e compadecer-me-ei dela que não obteve misericórdia; e eu direi àquele que não era meu povo: Tu és meu povo; e ele dirá: Tu és meu Deus"! Os 2:20-23.

19/4/2015

Capítulo 18
VOCÊ PARECE VIVO

"Estas são as palavras daquele que tem os sete espíritos de Deus e as sete estrelas. Conheço as suas obras; você tem fama de estar vivo, mas está morto." Ap 3:1

Ter fama de estar vivo se aplica bem hoje, em nossos dias. Vivemos no meio da ilusão e do disfarce arraigados entre os evangélicos, o apelo à popularidade, à fama e ao sucesso – seja lá o que isso signifique. Transformaram a igreja em um palco para shows, a atração é um falso modelo de cristão, cuja plateia tornou-se o mercado consumidor de um "lixo gospel" lançado ao vento.

Não podemos nos calar diante de tal embrutecimento e desmanche moral da noiva de Cristo, conduzido por imorais e despreparados, ignorantes da palavra e da vida espiritual. O que prevalece são frases prontas, ditos populares como os de para-choques de caminhão, gritados no altar por gananciosos que só pensam em lucrar com a fé dos humildes. Não se preocupam com os escândalos que provocam no reino de Deus. Essas pessoas são más: "Mas ao ímpio diz Deus: Que fazes tu em recitar os meus estatutos, e em tomar a minha aliança na tua boca? Visto que odeias a correção, e lanças as minhas palavras para detrás de ti" Sl 50:16-17. Jesus exortou os escribas e fariseus, conhecedores profundos das Escrituras, com estes exemplos:

> "Mas ai de vós, escribas e fariseus, hipócritas! Pois que fechais aos homens o reino dos céus; e nem vós entrais nem deixais entrar aos que estão entrando. Hipócritas! Pois que devorais as casas das viúvas, sob pretexto de prolongadas orações; por isso sofrereis mais rigoroso juízo.
> Hipócritas! Pois que percorreis o mar e a terra para fazer um prosélito; e, depois de o terdes feito, o fazeis filho do inferno duas vezes mais do que vós. Ai de vós, condutores cegos! Pois que dizeis: Qualquer que jurar pelo templo, isso nada é; mas o que jurar pelo ouro do templo, esse é devedor. Insensatos e cegos! Pois qual é maior: o ouro, ou o templo, que santifica o ouro? E aquele que jurar pelo altar isso nada é; mas aquele que jurar pela oferta que está sobre o altar, esse é devedor. Insensatos e cegos! Pois qual é maior: a oferta, ou o altar, que santifica a oferta? Portanto, o que jurar pelo altar, jura por ele e por tudo o que sobre ele está. E, o que jurar pelo templo, jura por ele e por aquele que nele habita. E, o que jurar pelo céu, jura pelo trono de Deus e por aquele que está assentado nele. Hipócritas! Pois que dizimais a hortelã, o endro e o cominho, e desprezais o mais importante da lei, o juízo, a misericórdia e a fé; deveis, porém, fazer essas coisas, e não omitir aquelas. Condutores cegos! Que coais um mosquito e engolis um camelo. Hipócritas! Pois que limpais o exterior do copo e do prato, mas o interior está cheio de rapina e de intemperança. Fariseu cego! Limpa primeiro o interior do copo e do prato, para que também o exterior fique limpo. Hipócritas! Pois que sois semelhantes aos sepulcros caiados, que por fora realmente parecem formosos, mas interiormente estão cheios de ossos de mortos e de toda a imundícia. Assim também vós exteriormente pareceis justos aos homens, mas interiormente estais cheios de hipocrisia e de iniquidade. Hipócritas! Pois que edificais os sepulcros dos profetas e adornais os monumentos dos

justos. E dizeis: Se existíssemos no tempo de nossos pais, nunca nos associaríamos com eles para derramar o sangue dos profetas. Assim, vós testificais que sois filhos dos que mataram os profetas. Enchei vós, pois, a medida de vossos pais. Serpentes, raça de víboras! Como escapareis da condenação do inferno? Portanto, eis que eu vos envio profetas, sábios e escribas; a uns deles matareis e crucificareis; e a outros deles açoitareis nas vossas sinagogas e os perseguireis de cidade em cidade. Para que sobre vós caia todo o sangue justo, que foi derramado sobre a terra, desde o sangue de Abel, o justo, até ao sangue de Zacarias, filho de Baraquias, que matastes entre o santuário e o altar." Mt 23:13-35.

O texto está na íntegra, mas foi preciso. Dentre as afirmações, ao menos duas prendem minha atenção de modo peculiar.

Primeiro, no versículo 28, eles queriam "parecer" justos perante os homens, como sugere o título "Parece vivo". Assim se repete o padrão daqueles que costumamos ver, principalmente na mídia, e também em eventos evangélicos.

Homens que se dizem líderes, mas não são, alguns nunca conheceram Cristo nem sua igreja. Se confundem, tratando o fruto como a árvore e a árvore como fruto, adeptos do "quanto mais gente mais santo", crendo que a multidão é sinal da presença de Deus. Mas na igreja primitiva e perseguida, isso não era o critério.

O que importa para alguns pregadores é encher os bolsos. Ouvi de um deles – que não conhecia minha posição – "Consegui tirar 2 mil daquela igreja". Isso me deixou muito triste, ao ver como tratam a igreja do Senhor.

Pense bem, numa crise como a atual, quem não é levado pela ganância de uma vida abastada, com dinheiro sobrando e grande patrimônio? Mas a salvação não se troca por bens; Jesus alimentava uma multidão de pessoas e pouco depois as repreendia por estarem seguindo o por causa do pão que comeram.

Por isso, aqueles que pregam apenas o que o povo deseja ouvir, atendendo o anseio do povo, mas não confrontando seu pecado, terão julgamento mais severo:

> "Se alguém ensina alguma outra doutrina, e se não conforma com as sãs palavras de nosso Senhor Jesus Cristo, e com a doutrina que é segundo a piedade, é soberbo, e nada sabe, mas delira acerca de questões e contendas de palavras, das quais nascem invejas, porfias, blasfêmias, ruins suspeitas, perversas contendas de homens corruptos de entendimento, e privados da verdade, cuidando que a piedade seja causa de ganho; aparta-te dos tais" 1 Tm 6:3-5.

E mais:

> "Qualquer, pois, que violar um destes mandamentos, por menor que seja, e assim ensinar aos homens, será chamado o menor no reino dos céus; aquele, porém, que os cumprir e ensinar será chamado grande no reino dos céus" Mt 5:19.

Crer que a piedade é lucro no primeiro século não é diferente de pensar o mesmo hoje. Ou esse texto foi escrito há poucos dias? Parece tão contemporâneo.

No versículo 33 há uma citação como a de João Batista, quando chamou aos que vieram a ele para o batismo de "Raça de víboras, quem vos ensinou a fugir da ira que está por vir?". Quando comparo os dois textos, a realidade de hoje aparece: uma multidão querendo entrar no reino de Deus de qualquer maneira e a qualquer custo. Mas, que seja pela graça de pertencer a Cristo e conhecer Seu amor.

Nem todos querem o Cristo Salvador – ainda que saibam que sem Ele não iremos ao Pai –, pois nossos pecados nos separam Dele. Alguns querem apenas fugir do sofrimento do inferno, o céu não os atrai tanto quanto o medo os empurra para Deus. João Batista disse, e Jesus muito mais. Os pastores modernos, porém, não fazem questão de denunciar o comportamento nocivo dos homens. Os fariseus e escribas daquele tempo ressurgiram? Será que é porque estão presos ao lucro que vem da lã e da gordura das ovelhas?

Certa vez, Jesus disse: "Segue-me, e deixa os mortos sepultarem os seus mortos" Mt 8:22. Jesus revela que os que não estão com Deus estão verdadeiramente mortos e separados de Sua presença. Já no texto inicial, vemos Jesus alertar aquele que tinha fama de estar vivo. A fama ronda o cristão há muito tempo e está matando quem cede a seus ataques.

Como eles juntam tanta gente, estando tão longe da santidade requerida, inventando doutrinas absurdas e carnais, apoiando o aborto, bebendo e se embriagando, semeando discórdia na igreja e mentindo descaradamente? Como arrebanham tantos seguidores?

Não é difícil responder. Basta saber o desejo do coração, as necessidades mais urgentes da população, usar homens de mau caráter (o mundo está cheio deles), escolher trechos da Bíblia e separá-los do contexto, usar frases populares e desafiadoras, uma música de fundo e algum objeto que sirva de amuleto. Pronto, eis o cenário para usar o nome de Deus. No futuro, veremos que eles não ajuntam, eles espalham.

Quando o produto não é bom, o *marketing* tem de ser melhor. Estou cansado de líderes arrogantes forçando o rebanho a tratar-lhes com honrarias. Não é só o caso de alguém, inadvertidamente, tratar o cantor ou pregador evangélico como divindade, o pior é eles aceitarem isso "numa boa". Vi a notícia de uma cantora que, ao sair de um hotel, foi cercada por uma multidão que, aos gritos, queria um autógrafo ou ao menos tocar em seu carro. Isso não é idolatria?

Nos Estados Unidos, um pastor com mais de 25 mil membros em sua igreja recebeu a visita de um rabino. Após ler um texto da Bíblia, o rabino fez o pastor sentar-se numa espécie de trono, enrolou o texto num pergaminho antigo (uma réplica) e também em um manto, depois uns obreiros fortões o ergueram, e o rabino disse que Deus o separava como rei e messias naquele momento.

O pastor não fez como Paulo, Silas ou Barnabé. Não. Ele simplesmente aceitou aquilo como sendo algo de Deus.

No México, a igreja La luz del mundo, cujo líder é Naasón Joaquin García, possui milhares de membros, os quais o reverenciam como um semideus, que acreditam que ele seja um dos apóstolos remanescentes da igreja primitiva. Ele vive cercado de ouro, gosta dos holofotes e acredita merecer isso. Esse também tem nome de quem está vivo, mas está morto.

Não me alongarei citando esses personagens, você os encontra facilmente nos livros e na internet, mas adiante, tome um remédio antes, pois verá coisas que enojam.

O desafio que proponho por onde passo é simples, pode anotar se quiser:

- Seja disciplinado em tudo que faz na vida, especialmente em sua comunhão com Deus;
- A oração não é apenas para quando você tem vontade. Lembra dos apóstolos que subiam ao templo à hora da oração? Você deve separar um momento, todo dia. Não às terças ou aos domingos, mas todo dia, pelo menos uma hora. O local é importante, se possível distribua a semana em blocos de oração sistemática e ordenada. A Bíblia diz: "Em todo tempo e lugar";
- Se ainda não leu a Bíblia Sagrada inteira, ao menos uma vez na vida, está na hora de começar. Mas não comece no Novo Testamento, pois a Bíblia começa no Antigo Testamento. Você não vai compreender tudo da primeira vez, mas não desista, pois Deus revela-Se em Sua palavra. Não tenha preguiça;
- Ir à igreja é bom, contudo, melhor ainda é ser a igreja que o Senhor deseja. Pratique a palavra todo dia – amar,

perdoar, ajudar e suportar as falhas do próximo. Claro, orar no monte é bom, ou na mata, sem ninguém por perto, mas Deus quer vê-lo exercitar o amor no meio das pessoas, não importa se são boazinhas ou não, como as de Sodoma e Gomorra por exemplo; Ló morou no meio delas e não se contaminou;

- O jejum ainda vale, não foi abolido ou inutilizado. Jesus disse que quando o noivo fosse tirado dos discípulos, então jejuariam. É tempo de jejuar;
- A palavra deve ser estudada todos os dias. Todos temos de ter um pouco de bereanos: "E logo os irmãos enviaram de noite Paulo e Silas a Bereia; e eles, chegando lá, foram à sinagoga dos judeus. Ora, estes foram mais nobres do que os que estavam em Tessalônica, porque de bom grado receberam a palavra, examinando cada dia nas Escrituras se estas coisas eram assim." At 17:10-11;
- Como pode alguém alimentar-se apenas uma vez por semana, quando vai ao templo? Ninguém alimentaria seu animal apenas um dia na semana, pois este morreria. Como você pode, então, alimentar-se apenas do púlpito? Busque orientação na palavra todo dia, não vá ao templo ser abençoado, vá para abençoar;
- Seja mais seletivo com o que ouve, assiste ou mesmo os lugares que frequenta; escolha as pessoas com as quais se relaciona, examine-se, policie-se, afaste-se daquilo que não lhe traz crescimento espiritual;
- Deseja mais tempo de oração e intimidade com Cristo? Então desligue alguma coisa. Comece com a TV ou as redes sociais, afinal, como pode ter tanto tempo para entretenimento e amizades e não ter tempo para Deus?;
- Deus não quer que você pareça vivo, mas que tenha vida com abundância, não seja a cópia do ministério de ninguém, há modelos na Bíblia para todos nós;

- Tome cuidado com o dinheiro, e se Filipenses 4:11-13 serviu para Paulo, servirá para nós.

O que Jesus disse sobre avareza, ganância e orgulho ainda vigoram. Onde devemos juntar tesouros?

> "Não ajunteis tesouros na terra, onde a traça e a ferrugem a tudo consomem e onde os ladrões minam e roubam. Mas ajuntai tesouros no céu, onde nem a traça nem a ferrugem consomem, e onde os ladrões não minam nem roubam" Mt 6:19-20.

"Tens nome de quem vive". Ao ler isto me vem à lembrança toda a loucura que os fãs de Elvis Presley demonstram no desespero em querer provar que "Elvis não morreu". Ainda que todos saibam onde está seu túmulo, que se encontra em Memphis, uma cidade do Tennessee, nos Estados Unidos.

Pois bem, assim como a conhecida frase "Elvis não morreu" não vale nada, o mesmo acontece em Apocalipse. Isso corresponde aos líderes interesseiros de hoje, que aparentam estar vivos, mas definitivamente estão mortos, pelo que ensinam ao povo. Quem ensina doutrina de demônios não tira apenas um til ou um jota, mas textos inteiros da Bíblia, e o fato de existirem acontecimentos espirituais ou transcendentes em seu ministério não abrandará sua sentença. Está escrito:

"Muitos me dirão naquele dia: Senhor, Senhor, não profetizamos nós em teu nome? E em teu nome não expulsamos demônios? E em teu nome não fizemos muitas maravilhas? E então lhes direi abertamente: 'Nunca vos conheci; apartai-vos de mim, vós que praticais a iniquidade'" Mt 7:22-23.

Jesus disse que guias cegos não mostrarão o caminho a ninguém.

É um absurdo quando um Benny Hinn da vida resolve dizer: "Pobreza vem do Inferno. Prosperidade vem do Céu. Adão teve domínio completo sobre a terra e tudo que nela contém. Adão podia voar como um pássaro. Adão podia nadar embaixo d'água e respirar como um peixe. Adão foi para a lua. Adão caminhou sobre as águas. Adão foi um super-ser [este não é o termo de um autor esotérico?], ele foi o primeiro super-homem que viveu. Adão teve domínio sobre o sol, lua e estrelas. Cristãos não têm Cristo em seus corações. Semeia uma grande semente, quando você a confessa, você está ativando as forças sobrenaturais de Deus".

E continua: "Jesus na sua morte se tornou um com satanás".

Essas são apenas algumas das tantas besteiras ditas por esse senhor de cabelos grisalhos que bem podia ajudar a igreja de Cristo calando-se.

Homens como Paulo, Moisés e Elias são os verdadeiros heróis da fé, porém, o nome do Salvador não merece nem ao menos ser citado por figuras como essa citada.

Ainda não somos dignos de, abaixando-nos, desatar suas alparcas. Que o batismo de angústia que pedia David Wilkerson aconteça em nosso coração, angústia por almas perdidas, enganadas por lobos em pele de cordeiro que invadiram a casa de Deus. Que além dessa angústia os sóbrios do rebanho sejam destemidos, cercando de proteção o aprisco para que, ao menos uma parte do rebanho do Senhor seja salvo, esperando a volta do Noivo.

"O filho honra o pai, e o servo o seu senhor; se eu sou pai, onde está a minha honra? E, se eu sou senhor, onde está o meu temor? diz o SENHOR dos Exércitos a vós, ó sacerdotes, que desprezais o meu nome. E vós dizeis: Em que nós temos desprezado o teu nome?" Ml 1:6.
23/4/2015

Capítulo 19
A VINDA DO REINO DE DEUS

O noivo demorou a chegar, e todas ficaram com sono e adormeceram. À meia-noite, ouviu-se um grito: "O noivo se aproxima! Saiam para encontrá-lo!" Mt 25:5-6

A mensagem transmitida é sobre a segunda vinda e o estabelecimento do reino. Começo falando da demora do noivo – ainda que venha no tempo certo –, e do sono das virgens adormecidas. Falarei do azeite e das lâmpadas, para os que me perguntam: Por que dez virgens e qual a ligação delas com a igreja?

Vamos com calma, uma coisa de cada vez.

Primeiro, não tem nada a ver com poligamia. Aliás, nem com casamentos da época. A ilustração é de um grande casamento, digno de reis, com muitos preparativos e convidados: "E o anjo me disse: Escreva: 'Felizes são os convidados para o banquete do casamento do Cordeiro!'" Ap 19:9.

E mais:

"De novo enviou outros servos e disse: 'Digam aos que foram convidados que preparei meu banquete: meus bois e meus novilhos gordos foram abatidos, e tudo está preparado. Venham para o banquete de casamento!'" Mt 22:4.

Os convidados podem representar os judeus, ainda que a noiva sempre seja tratada como a igreja; todos são especiais e seguem um cronograma específico.

A aparente demora do noivo faz parte da vontade de Deus, que tudo faz no Seu tempo. Jesus usa dez virgens para distinguir, mais à frente, o grupo de crentes. "O noivo demorou a chegar." "Desde que subiu, Jesus foi recebido nas alturas, elevado dentre nós" At 1:22. Outro diz: "Quando ele subiu em triunfo às alturas" Ef 4:8. Desde então, a igreja vive a expectativa da volta; passaram-se mais de dois mil anos e ainda não veio, esta é a razão de muitos não entenderem o tempo de Deus.

Acontece que a igreja – nesse caso, a noiva –, divide-se em dois grupos, cinco de um lado, os fiéis, e cinco de outro, os rebeldes que apenas se denominam salvos. Todos com os mesmos vestidos, as mesmas lâmpadas, como uma identidade, e todos adormecem. Com o tempo, até os mais preparados adormecem, quanto mais os despreparados.

Deus sabe quem são os seus, os que vem buscar: "Purificar para si mesmo um povo particularmente seu dedicado à prática de boas obras" Ti 2:14. O cansaço e as perseguições fazem muitos arriarem, dormirem, passarem momentos de letargia espiritual, mas os que são Dele ouvirão o chamado, saberão distinguir a voz do Noivo de qualquer outra voz.

Note que as virgens loucas também ouvem a voz, porém não conseguem aproximar-se, pois as lâmpadas se apagaram. Ainda que tenham dinheiro para comprar o azeite não terão mais tempo, o evento acontecerá à meia-noite, ou seja, no tempo determinado por Deus.

Veja isto: "Pois, dada a ordem, com a voz do arcanjo e o ressoar da trombeta de Deus, o próprio Senhor descerá do céu, e os mortos em Cristo ressuscitarão primeiro" 1 Ts 4:16. E também: "Depois disso, os que estivermos vivos seremos arrebatados juntamente com eles nas nuvens, para o encontro com o Senhor nos ares. E assim estaremos com o Senhor para sempre" 1 Ts 4:17. Aí está o casamento, as bodas do cordeiro com sua igreja.

As virgens não representam apenas os vivos na vinda de Cristo, mas também estágios da igreja desde sua fundação. Em várias épocas a igreja dormiu realmente. Épocas de escuridão total do evangelho, na Ásia, Europa, África e até nas Américas, onde foi silenciada diante da aliança com governos, tempo em que o pecado foi normatizado entre cristãos.

Ao olharmos com atenção, veremos dez noivas preparando-se para encontrar o noivo, assim como qualquer pessoa que se entrega a Cristo e acredita estar pronta para morar com Ele. Mas não é bem assim. Você tem um vestido, está bonita e perfumada, mas não pode ser insensata.

Veja: "Cinco delas eram insensatas, e cinco eram prudentes" Mt 25:2. Insensato, segundo o *Dicionário Aurélio*, é aquele que não possui bom senso; que se opõe à razão: sujeito insensato. Que demonstra insensatez: comportamento insensato. Que parece não estar em seu juízo perfeito; louco.

A insensatez é clara: desde que saíram, não atentaram à questão primordial: uma lâmpada sem óleo não acende.

Não passaram a ser tolas por não carregarem azeite, já eram antes disso. Nós também somos alertados a não deixar faltar o óleo em nossa vida: "Esteja sempre alvo seu vestido e nunca falte óleo sobre a sua cabeça" Ec 9:8.

Toda família, antigamente, sabia como era difícil conseguir azeite; tinham de ter em estoque, e nesse caso, a precaução das prudentes foi a condenação das insensatas. Pois a insensatez opõe-se à razão, visto que onde as prudentes conseguiram azeite as outras conseguiriam também. Já pensou que, entre nós, há uns crescendo enquanto outros ficam estagnados? Será culpa do pastor? Será que as dez noivas frequentavam a mesma sinagoga? Se vieram do mesmo lugar, por que umas foram sábias e outras não?

Não conseguiremos responder.

O que chama a atenção é a prudência de algumas. O que significa ser prudente? Segundo o Dicionário Aurélio, "*é o q*ue expressa ou contém prudência; que se esquiva do perigo; que demonstra cautela; ajuizado. Que tem o hábito de se precaver; que se prepara de maneira antecipada; precavido: o sujeito prudente está sempre preparado para as dificuldades. Acautelado". Gostei da definição: "Que se prepara de maneira antecipada".

É a figura das cinco prudentes, e também deve ser parecido com o cristão fiel, como diz: "Prepare-se para se encontrar com o seu Deus, ó Israel" Am 4:12.

Se as vestes brancas das núpcias representam a pureza e a justiça: "Foi-lhe dado para vestir-se linho fino, brilhante e puro". O linho fino são os atos justos dos santos (Ap 19:8). Outro texto ainda diz: "A retidão era a minha roupa; a justiça era o meu manto e o meu turbante" Jó 29:14.

O que falar do azeite? Vejamos sua utilidade: "Ordene aos israelitas que lhe tragam azeite puro de oliva batida para a iluminação, para que as lâmpadas fiquem sempre acesas" Êx 27:20. No Salmo 119:105 a palavra de Deus é considerada lâmpada para os pés e luz para os caminhos, e para mim, diria que praticar a palavra é o azeite que precisamos para a lâmpada não se apagar. Se você apenas ouvir e não praticar, torna-se inoperante no reino.

O noivo já havia entrado para as bodas com as prudentes, então, as insensatas voltam trazendo o azeite que foram comprar, batem à porta, e a resposta que ouvem é: "Não vos conheço". Assim como eram insensatas desde o início, Jesus também não as conhecia, desde sempre. É isso que acontecerá aos que desprezam a santidade, os que deixam para amanhã a mudança necessária, vivendo do jeito fácil. Pensam que no final, uma oração resolve, mas não será assim. Se você conhece seus pecados, a hora de mudar é agora, deixe seus erros e converta-se de verdade, afaste-se do que desagrada ao Senhor o quanto antes.

A Bíblia diz: "Eis que Ele vem com as nuvens, e todo olho o verá, até mesmo aqueles que o traspassaram; e todos os povos da Terra se lamentarão por causa Dele. Assim será! Amém" Ap 1:7. Isso é porque uns entrarão nas bodas do cordeiro enquanto outros apenas olharão para Ele, ainda assim, serão condenados por não obedecerem à Sua palavra.

As prudentes possuíam vasilhas com azeite sobrando, cujo peso podia até dificultar a caminhada, ainda mais nesse mundo compacto e descartável em que vivemos. Nos casamentos de hoje, as noivas entram na igreja com vestidos cada vez menores, às vezes de tecido transparente e confortável, então, uma noiva carregando latas de óleo ou potes com azeite é surreal.

O fato é que se quisermos viver na eternidade com Cristo, temos de começar aqui, sem nos importarmos com os incômodos da caminhada. Quem disse que seria fácil? O próprio Senhor afirma: "Aquele que sai chorando enquanto lança a semente, voltará com cantos de alegria, trazendo os seus feixes" Sl 126:6. E ainda: "Neste mundo vocês terão aflições; contudo, tenham ânimo! Eu venci o mundo" Jo 16:33. Cinco noivas foram rejeitadas por causa da negligência, não por falta de amor do noivo.

Acompanho às vezes, pela mídia, a separação de casais famosos, de anônimos também, e a desculpa é a falta de amor, dizem. Mas Deus, mesmo amando a humanidade, não permitirá o pecado em Sua presença, somente os selados e santificados ficarão com Ele.

Aqueles que O amam, andam com Ele, e com certeza não serão rejeitados. Confira: "Aquele que afirma que permanece Nele, este deve andar como Ele andou" 1 Jo 2:6.

Uma noiva, especialmente em Israel, já se considerava esposa, ainda que o casamento demorasse; vemos isso quando José quis deixar Maria secretamente porque estava grávida. Ora, se ainda não tinham casado, porque então ele queria deixá-la? Pelo fato de ser um compromisso equivalente ao casamento, e por José ser um homem justo.

Uma noiva comprometida jamais deixaria algum detalhe passar, ainda mais o azeite de sua lâmpada. A palavra ensina: "Portanto, vigiem, porque vocês não sabem em que dia virá o seu Senhor" Mt 24:42. "Não sabem o dia nem a hora!" Mt 25:13. "Porque vocês não sabem quando o dono da casa voltará: se à tarde, à meia-noite, ao cantar do galo ou ao amanhecer" Mc 13:35.

A boa notícia é que Ele vem. Pelos acontecimentos, sabemos que a palavra está se cumprindo, é só esperar um pouco mais, pois em breve, muito breve: "Aquele que vem, virá, e não demorará, mas o meu justo viverá pela fé, e se retroceder, não me agradarei dele" Hb 10:37-38. "Porque a visão é ainda para o tempo determinado, mas se apressa para o fim, e não enganará; se tardar, espera-o, porque certamente virá, não tardará" Hc 2:3.

Finalizo com as palavras do pastor Luiz Hermínio. Em uma de suas mensagens, ele disse: "Jesus vem buscar uma noiva, não uma viúva". Porque viúvas não têm muitas expectativas, noivas sim, viúvas já viveram experiências que não querem mais, enquanto as virgens querem ter essa experiência, viúvas, na grande maioria, estão velhas e sem vigor, já as noivas são jovens e vigorosas.

Que você se prepare como uma noiva esperando o retorno do seu senhor.

É minha oração sincera.

As mãos trêmulas, o olhar radiante.
O silêncio reina, o coração palpitante.
Ele diz: Sim. Ela confirma. Os dois se beijam.
Cumprem-se os votos, o amor sobeja.
Ela de branco vai, amparada, segura, fulgurante!
18/1/2015

Capítulo 20
SINAIS DE VIDA NA IGREJA

*"Ele te declarou, ó homem, o que é bom;
e que é o que o Senhor pede de ti, senão que
pratiques a justiça e ames a benignidade, e andes
humildemente com o teu Deus?"* Mq 6:8

Finalizo mostrando que há sim, uma luz no fim do túnel para a igreja de Cristo, afinal, é Ele quem a edifica e até a Sua volta, ela estará pronta, preparada para o noivo.

A despeito dos desvios de doutrina, escândalos e aberrações praticados pelos inimigos da cruz, ainda existe um povo, uma Igreja que será tirada deste, com homens e mulheres totalmente fiéis a Deus, pessoas transformadas que O amam intensamente, as quais são como lâmpadas acesas numa cidade escura.

Quando escrevi *Sinais de vida na igreja* pensei nos satélites vagando pelo espaço; alguns estão há décadas buscando sinal de vida no Universo. Em alguns lugares, há milhares de antenas apontando para o céu, tentando captar uma comunicação extraterrestre.

Sobre isso, é interessante ler as palavras do norte-americano Carl Sagan, cosmólogo que morreu em 1996, sobre a sonda Voyager, lançada em 1977, na busca de sinais de vida no

Universo: "A Terra é um cenário muito pequeno numa vasta arena cósmica". Palavras bonitas.

E continua: "Pense nos rios de sangue derramado pelos generais e imperadores, para que, na sua glória e triunfo, pudessem se apoderar, por momentos, de um pedacinho desse ponto. Pense na crueldade sem fim, infligida pelos moradores de um canto deste pixel aos quase indistinguíveis moradores de algum outro canto. Quão frequentes as suas incompreensões, quão ávidos de matar uns aos outros, quão veementes os seus ódios".

No fim de seu comentário, ele diz não haver esperança de salvação para nós:

"Na nossa escuridão, em toda esta vastidão, não há indícios de que vá chegar ajuda de algum lugar para nos salvar de nós mesmos"[4].

Mas, e na Terra? Será que ninguém se preocupa – de verdade – em descobrir a vida que há em Cristo? A mesma que transferiu, que delegou à igreja que tanto ama?

Posso afirmar ao leitor, com toda a certeza, que existe sim, vida na igreja. Ela não está nos holofotes, nem na mídia; não. Como um médico que presta socorro a acidentados e a infartados, e busca desesperadamente uma veia pulsando, um batimento, por menor que seja, que lhe dê esperança em salvar alguém. Assim é como vejo a igreja de Cristo.

Quando vejo bondade no ser humano, pessoas aprendendo a repartir o que têm com o próximo, especialmente quando encontro um pregador realmente humilde (ou ao menos tenho notícia de algum) que não tenta tirar nada dos outros, mas ensina a viver em santidade para Deus, aqueles que

---

4   SAGAN, Carl. Pálido Ponto Azul. São Paulo: Companhia das Letras. 1994, p. 15.

levam outros a encontrar-se com o Senhor; então sei que há esperança, que é possível.

Por onde prego, há jovens que estão lendo as Escrituras, estão orando e adorando a Cristo com fervor. Dia desses, ouvi uma mãe dizer que seus filhos haviam feito um voto, que beijariam e teriam relação sexual somente após o casamento. Isso é raro em nossos dias.

Nem tudo se resume a campanhas de prosperidade e cura, há alguns realmente interessados em amar e servir a Deus de todo coração. Mesmo em meio a crises ou doenças graves, como o câncer, homens aprendem a glorificar a Deus em qualquer circunstância, não O tratam como seu empregado, mas sabem que não são dignos de nenhuma misericórdia, aquela que é oferecida diariamente pelo Todo-Poderoso.

Posso testemunhar que Deus tem Se manifestado em minha vida; vivo um tempo de íntima comunhão, desfrutando de Sua presença. Mesmo após trinta anos de pastorado, sou renovado a cada dia, orando mais do que antes; o jejum me acompanha de perto, leio Sua palavra com paixão, além de centenas de livros, alguns por duas ou três vezes.

É Deus que me faz enxergar o mau comportamento na igreja, em lugares onde não existe virtude, em que exorto e ensino aos que querem mudar sua vida. Sou saudosista sim, sei que minhas braçadas não me fazem avançar muito nesse mar de contrariedades de hoje. Mas não desisto, pois se puder ajudar na transformação de alguém, terei recompensa. Tenho certeza absoluta de que não será a política que irá salvar ou preservar a igreja, nem templos maiores para crentes piores, nem métodos ou estratégias irão salvar mais gente, mas sim o testemunho pessoal em Cristo, único capaz de moldar e atrair pessoas para o reino de Deus.

É nítido que estão usando a música como um fim, manipulando a mente dos humildes com "efeitos visuais", fazendo de tudo para seduzir alguns para seu reduto, para servir aos caprichos dos que os manipulam.

Há sinais de vida quando descubro casais perseverando em seu casamento por causa de Cristo, porque é o correto; eles não são moldados pela modernidade e pelo consumismo desenfreado na igreja. Há sinais no irmão que toma decisões pela Bíblia, no trabalho, na escola e no lazer, que ao vender um objeto não engana o próximo, é honesto, mesmo que ninguém esteja vendo, que também se alegra na felicidade de seus irmãos.

Sinto vida na igreja quando encontro gratidão: "Olhai para a rocha de onde fostes cortados, e para a caverna do poço de onde fostes cavados" Is 51:1.

É triste ver a ingratidão prevalecente na igreja. Quem foi tremendamente abençoado por Deus deveria agradecer mais, lembrando-se de onde foi tirado, de como era sua vida ao ser resgatado por Cristo. Mas graças a Deus ainda existem fiéis agradecidos por aí, os que imitam o exemplo do homem curado de lepra, pois diferentemente dos outros nove, ele voltou aos pés de Cristo, e mesmo sendo um samaritano, reconheceu o Salvador, que o recebeu com alegria.

Sei que há vida na igreja quando jovens querem fazer missões, quando o sonho não é terminar a faculdade, formar-se e ingressar no mercado de trabalho, ou comprar um carro zero ou a casa própria, ao contrário, querem deixar família e bens para abraçar um povo desconhecido.

Tenho amigos que estão na China, minha cunhada está há mais de uma década na Espanha, outra mãe liberou o filho para fazer missão na Rússia, e agora sua filha está se preparando para ir ao Haiti. Deus está separando os que irão sacudir essa última geração. Ela não será conhecida por megaeventos, nem por ser a geração extravagante dos adoradores modernos, não.

Mas o Senhor usará tudo que disser sim ao evangelho, seja para pregar no Brasil ou no mundo.

Por isso, esses jovens precisam de um referencial honesto, que seja íntimo de Deus, para que possam se apoiar, pessoas que conheçam profundamente as Escrituras, homens de oração, que sejam como um farol a guiar os que desejam ardentemente aproximar-se de Cristo Jesus.

Em todos esses anos senti vida na igreja quando pude auxiliar os que tinham desistido da oração, da comunhão com os outros, pessoas outrora iludidas por pastores e líderes nos quais haviam depositado confiança, traídas por aqueles que deveriam cuidar delas, por homens que nunca foram atrás da ovelha perdida. Vi outros que mais pareciam vendedores de carros, casas, livros ou outra coisa, ocupados demais para cuidar de alguém, que entravam pela porta dos fundos da igreja para pregar e por lá também saíam sem ao menos despedir-se.

Diga, você já viu algum deles visitando um doente? Indo a funerais? Dando banho em alguém? Eles ficam à vontade numa festa apertando a mão de políticos, mas e quanto a cuidar de órfãos e viúvas, alimentar os pobres e socorrer quem precisa?

Toda igreja que cuidei era a mesma história, antes de chegarmos era bazar disso, bazar daquilo; então, eu e minha esposa levávamos montanhas de roupas e alimentos e distribuíamos gratuitamente a quem precisava, sem chamar a atenção de ninguém. Ainda hoje é assim com o nosso Projeto Barnabé.

Descobri desde cedo que servir a Deus não é negócio, uma troca de influência ou favores tipo "toma lá, da cá". Podemos comparar a caminhada com Cristo com a visão de Ezequiel. Ele disse: "E saiu aquele homem para o Oriente, tendo na mão um cordel de medir; e mediu mil côvados, e me fez passar pelas águas, águas que me davam pelos artelhos" Ez 47:3. É o início da vida com Deus, não parece difícil, é só ir à igreja (templo) e deixar um vício ou comportamento inadequado, você consegue.

Mas à medida que o tempo passa e a experiência cresce, também vão aumentando as responsabilidades e os conflitos.

"E mediu mais mil côvados, e me fez passar pelas águas, águas que me davam pelos joelhos" Ez 47:4 A. Com água na altura dos joelhos a caminhada é mais lenta, os passos são vagarosos; assim é o viver na presença de Deus, principalmente para os que querem viver piedosamente, por não se moldarem aos costumes do mundo, que ficam angustiados, mas não param, caminhando sempre em direção ao "alvo da suprema vocação em Cristo" Fl 3:14. A essa altura, os obstáculos não são para nos parar, mas para nos estimular a prosseguir e cultuar a Deus, não somente no templo, mas no dia a dia, mesmo que isso custe a amizade de alguém.

"E outra vez mediu mil, e me fez passar pelas águas que me davam pelos lombos" Ez 47:4 B. Quem já tentou atravessar um rio ou uma piscina, sabe que se a água passou da cintura é hora de nadar, mas se não sabe nadar deve voltar para um lugar seguro. Mas como posso voltar agora? Depois de conhecer o amor de Deus e viver em comunhão com a igreja? De ter experimentado a graça abundante de Cristo?

Se a Bíblia condena os que olham para trás, como poderia retroceder? "Mas o justo viverá pela fé; e se ele recuar, a minha alma não tem prazer nele" Hb 10:38.

Mas ficará ainda mais difícil: "E mediu mais mil, e era um rio que eu não podia atravessar, porque as águas eram profundas, águas que se deviam passar a nado, rio pelo qual não se podia passar" Ez 47:5. Quem é que já encontrou uma profundidade dessas?

Lembro de um verão, há alguns anos, em que visitávamos meus pais na casa de praia. Eu e Desola, minha esposa, decidimos acompanhar nossos filhos na água; cada um deles estava em um caiaque e nós dividíamos um outro maior.

Depois de nos afastarmos da praia cerca de trezentos metros, fomos surpreendidos pelas ondas e viramos de cabeça para baixo. Conseguimos nos segurar no bote, mas ficamos alarmados. Minha esposa ficou com muito medo de morrer, embora soubesse nadar, e que eu nunca a deixaria sozinha naquela situação.

Nesse momento não adianta recursos, os bens não valem nada, nem faculdade ou diploma. Havia uns quinze metros de profundidade, atravessar a nado nem foi cogitado. É importante saber que não estávamos no controle, devíamos esperar por socorro, e ele veio. Avistamos alguém vindo nadando em nossa direção, não era um salva-vidas, apenas um atleta que treinava por ali. Ele se aproximou, nos cumprimentou, nos ajudou a virar o bote e a subir nele de novo. Então voltamos à praia.

Assim é o rio da graça de Deus – quanto mais você entra nele, mais profundo ele se torna, até perceber que não dá mais para seguir os projetos humanos, as estratégias e os conceitos; seu "eu" fica de fora, sua força não adianta nada contra o volume poderoso de Suas águas.

Mas vale a pena.

Infelizmente há muitos que não querem se aventurar nos caminhos da santidade, do compromisso e da fé, pois a cada comprometimento sua vida não será mais como antes. Você se dedica a Jesus enquanto a água está a sua volta, o mais sensato é deixar-se levar pelo Senhor, que Ele o conduza, que estabeleça padrões diferentes, e mesmo não entendendo hoje, com certeza entenderá um dia e agradecerá a Deus.

Se alguém procura sinais de vida na igreja, deveria começar analisando sua vida, se a palavra de Deus habita realmente em você, se o que você valoriza concorda com a palavra Dele.

A questão é que analisar os outros é mais tentador do que a nós mesmos, pois nossa vida – aos nossos olhos – será sempre melhor que a dos outros. Seria interessante se o mundo observasse os sinais de vida na igreja. Infelizmente é o inverso, pois os governos, todos os que não fazem parte da igreja, estão de olho, denunciando os erros cometidos pelos que querem se apoderar da igreja, os aproveitadores.

Recentemente, em uma grande cidade, foi lacrada uma rádio muito conhecida do meio "gospel". O senhor que tinha a concessão, em vez de usar a rádio para evangelizar, havia feito seu arrendamento por muito dinheiro, e será processado. Engraçado que, aparentemente, parecia ser um bom homem.

O fato é que não se pode fazer isso, por lei, além de ser inapropriado a um cristão, ainda mais quem já foi político de carreira. Para piorar, a emissora possuía três endereços, funcionava com a potência muito acima do que é permitido e tinha a antena em local proibido. Mas "tudo bem", disse o acusado, já que era para pregar o evangelho. "Além do mais", continuou ele, "Todos fazem isso".

Está vendo? Podemos praticar a injustiça apenas porque todos fazem o mesmo?

Por essas e por outras é que está cada vez mais difícil sair na rua para anunciar o evangelho glorioso de Jesus; eu mesmo já me envergonhei de ser chamado de pastor. Quando as pedras clamam, nós fazemos o quê?

Eu me preocupo ao ver o mundo apontar os erros da igreja, pois dentro dela não está havendo "zelo santo". Os seus líderes deveriam ser mais seletivos e não temer repreender quem quer que seja.

Eles deveriam aplicar o método de Jesus:

"Ora, se teu irmão pecar contra ti, vai e repreende-o entre ti e ele só; se te ouvir, ganhaste a teu irmão. Mas, se não te ouvir, leva ainda contigo um ou dois, para que pela boca de duas ou três testemunhas toda a palavra seja confirmada. E, se não as escutar, dize-o à igreja; e, se também não escutar a igreja, considera-o como um gentio e publicano" Mt 18:15-17.

Jesus já tinha iniciado a edificação da igreja, portanto o conselho não deve ser jogado fora, pelo contrário, devemos usar a direção do Senhor em tudo, para admoestar e exortar, confrontar os pecados cometidos livremente pelos que nunca foram transformados, mas que infelizmente estão no púlpito de muitas igrejas por aí.

Os crentes poderiam servir a Cristo de todo o coração. Mas como farão isso, se o que apresentaram a eles foi um evangelho superficial, baseado em ganância, bens e riquezas? Talvez, como um dos bons pregadores do Brasil disse: "Os crentes não estão subindo ao monte para orar, mas apenas para pedir coisas em benefício próprio".

Pense, quem foi que ofereceu a Jesus reinos e riquezas? No monte, inclusive? Você sabe a resposta.

Ao observar o quanto Jesus orava no monte, passando a noite inteira em oração, nos admiramos, porque ao descer de lá ele curava doentes, ressuscitava os mortos e operava maravilhas no meio do povo. Com certeza ele não pedia por si, mas por aqueles que viera salvar.

Enquanto há uma multidão de crentes no monte, lá em baixo crescem os desabrigados e famintos, a corrupção amontoa-se até dentro da igreja, e ninguém faz nada. Prostituição e drogas, corrupção e homicídios são parte da rotina nas metrópoles. Os que pertencem ao povo de Deus, bem, eles oram por um emprego melhor, com um salário melhor, uma casa grande e aconchegante, oram para vencer, afinal, o Deus que eles servem os ama tanto que deseja todas as boas coisas do mundo para seus filhos.

Será mesmo? A imagem de vencedor não é o referencial dos filhos de Deus, não é o retrato de Hebreus 11, João 19:1, 2 Coríntios 6, 2 Coríntios 11:23-29, Gálatas 6:17 e de muitos textos que contrastam com a mornidão da igreja hoje.

Visitei recentemente um irmão com mais de 80 anos de idade, que agora não frequenta muito a igreja que congrega, mas mesmo assim, se mantém diante de Deus, se consagra embaixo de uma laranjeira no seu pomar; um homem de oração e que canta que é uma beleza.

Ele não tem nenhum cargo ou função no ministério, recebe muita gente em sua casa e ora por essas pessoas – algumas se converteram a Cristo na sala de sua casa.

Sabe o que eu disse a ele? Que se tiver que batizar alguém, que o faça, seja na piscina ou no rio perto de sua casa, ainda que não seja um pastor. Ou será que não se pode fazer como Felipe fez com o eunuco etíope?

Somos rodeados de superstições no meio evangélico. Certa vez, quando realizava o batismo de alguns irmãos, fui interrompido por uma diaconisa, que disse que eu não devia realizar o batismo porque as capas não estavam prontas. A contragosto da irmã, fiz o batismo assim mesmo.

Estão vendo? Escolhemos a cor do tapete do casamento, da capa do batismo, do vestido da noiva, como abrir um culto e a saudação mais correta. Estamos cheios de etiquetas para tudo e não vemos que a igreja de hoje ora menos, não tem comunhão, vive disputando espaço, desconhece completamente as Escrituras e vive pedindo coisas das quais não necessita.

Embora a ciência propague a evolução do homem, na verdade, seja moral ou socialmente, a humanidade mostra o contrário, o ser humano demonstra irremediavelmente que se tornou mais cruel e mesquinho do que nunca.

É tempo de a igreja despertar do sono, deixar os sonhos e viver a realidade em Cristo. Como diz Sua palavra: "Jesus Cristo é o mesmo ontem, hoje e para sempre" Hb 13:8.

Que o Senhor dê a você discernimento para viver uma vida que O agrade, e se ainda não teve um encontro real, imediato e definitivo com Cristo, que possa ter a partir desta leitura. Você que já faz parte da igreja do Senhor, não desista em hipótese alguma de procurar todo dia Sua santa presença, pois haverá sempre homens e mulheres comprometidos com a palavra do evangelho.

Deus tem seus caminhos e seus fiéis estão espalhados pela terra. Ele me encontrou, vai encontrá-lo também, assim como todos os que viverão eternamente com Cristo. Não se esqueça: quando seus olhos se encherem de lágrimas pela manifestação do amor e da bondade na igreja, quando ver a justiça não apenas pregada, mas praticada entre o povo de Deus, alegre-se, pois, com certeza, estará vendo "SINAIS DE VIDA NA IGREJA".

Há ruído por toda parte, um terremoto feroz.
Um prédio aos pedaços, pessoas mortas. Mas ouça:
Embaixo dos escombros um murmúrio, um gemido.
Um sinal de vida, de esperança, de continuidade.
27/4/2015

Compartilhando propósitos e conectando pessoas
Visite nosso site e fique por dentro dos nossos lançamentos:
www.novoseculo.com.br

Ágape

(f) Editora Ágape
(◎) @agape_editora
(y) @editoraagape
(▶) editoraagape

agape.com.br

Edição 1
Fonte: Adobe Garamond Pro